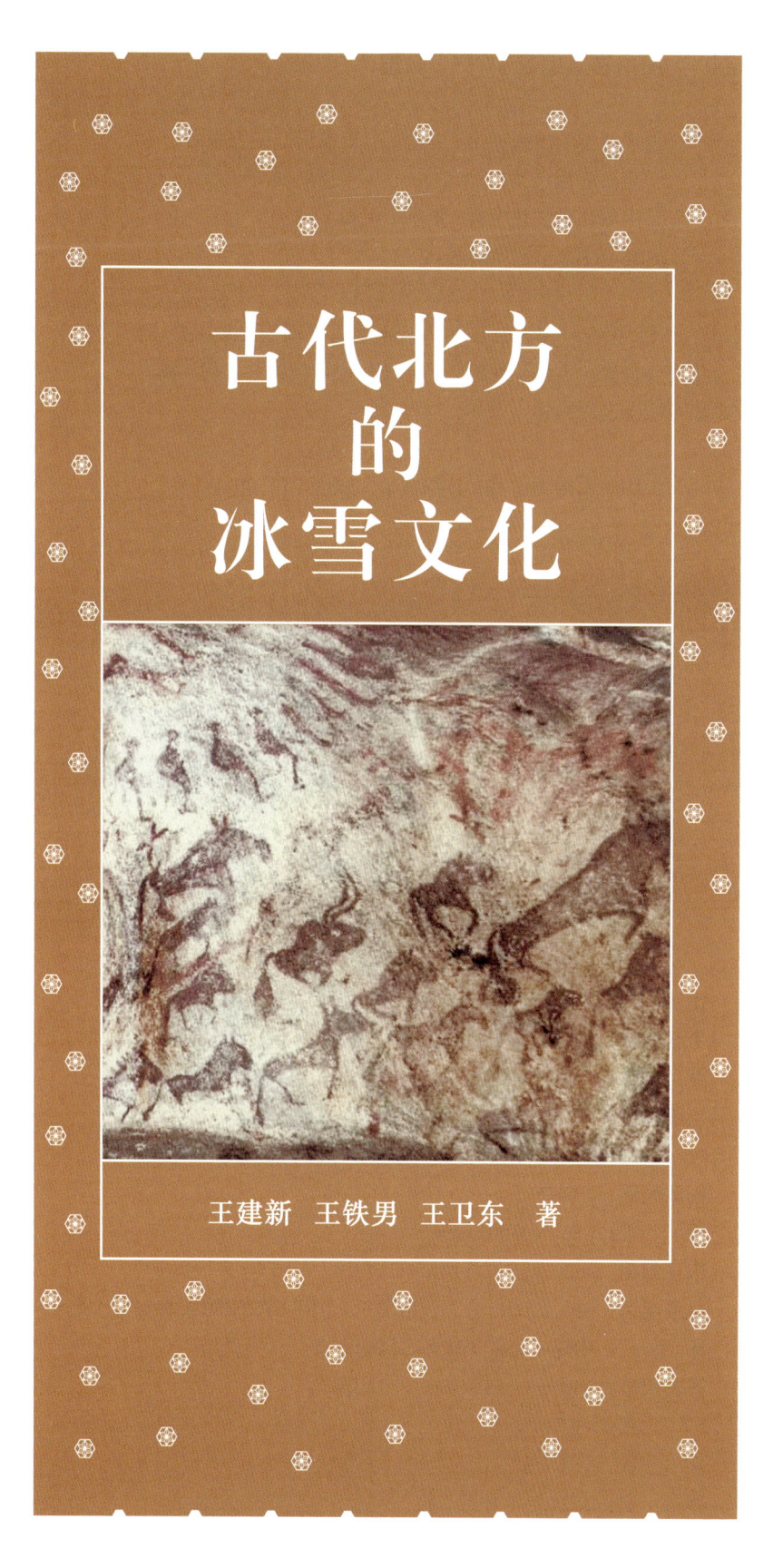

中·华·冰·雪·文·化·图·典

古代北方的冰雪文化

王建新　王铁男　王卫东　著

学苑出版社

图书在版编目（CIP）数据

古代北方的冰雪文化/王建新，王铁男，王卫东著. —北京：学苑出版社，2024.1

（中华冰雪文化图典/张小军主编）

ISBN 978-7-5077-6449-9

Ⅰ.①古… Ⅱ.①王…②王…③王… Ⅲ.①冰—文化史—世界—古代—图集②雪—文化史—世界—古代—图集 Ⅳ.① G112-64

中国版本图书馆 CIP 数据核字（2022）第 120863 号

出 版 人：洪文雄
责任编辑：杨 雷 张敏娜
编 辑：李熙辰 李欣霖
出版发行：学苑出版社
社 址：北京市丰台区南方庄 2 号院 1 号楼
邮政编码：100079
网 址：www.book001.com
电子邮箱：xueyuanpress@163.com
联系电话：010-67601101（营销部）、010-67603091（总编室）
印 刷 厂：中煤（北京）印务有限公司
开本尺寸：889 mm×1194 mm 1/16
印 张：11.5
字 数：154 千字
版 次：2024 年 1 月第 1 版
印 次：2024 年 1 月第 1 次印刷
定 价：98.00 元

《中华冰雪文化图典》编委会

主　编： 张小军　洪文雄

副主编： 方　征　雷建军

编　委：（按姓氏笔画排序）

王卫东	王建民	王建新	王铁男	扎西尼玛
方　征	白　兰	吕　植	任昳霏	任德山
李作泰	李　祥	杨宇菲	杨福泉	吴雨初
张小军	单兆鉴	居·扎西桑俄		洪文雄
洛桑·灵智多杰		高煜芳	郭　净	郭　磊
萧泳红	章忠云	梁君健	董江天	雷建军
潘守永				

人类的冰雪纪年与文化之道（代序）

人类在漫长的地球演化史上一直与冰雪世界为伍，创造了灿烂的冰雪文化。在新仙女木时期（Younger Dryas）结束的1.15万年前，气候明显回暖，欧亚大陆北方人口在东西方向和南北方向形成较大规模的迁徙。从地质年代上，可以说1.1万年前的全新世（Holocene）开启了一个气候较暖的冰雪纪年。然而，随着工业革命以来人类对自然环境的破坏，"人类世（The Anthropocene）"概念惨然出现，带来了又一个新的冰雪纪年——气候急剧变暖、冰雪世界面临崩陷。人类世的冰雪纪年与人类活动密切相关，英国科学家通过调查北极地区海冰融化的过程，预测北极海冰可能面临比以前想象更严峻的损失，最早在2035年将迎来无冰之夏。197个国家于2015年通过了《巴黎协定》，目标是将21世纪全球气温升幅限制在2℃以内。冰雪世界退化是人类的巨大灾难，包括大片土地和城市被淹没，瘟疫、污染等灾害大量出现，粮食危机和土壤退化带来生灵涂炭。因此，维护世界的冰雪生态，保护人类的冰雪家园，正在成为全世界的共识。

中华大地拥有世界上最为丰富的冰雪地理形态分布，中华冰雪文化承载了几千年来博大精深的优秀传统文化，蕴含着人类冰雪文化基因图谱。在人类辉煌的冰雪文明中，中华冰雪文化是生态和谐的典范。文化生态文明的核心价值是人类与自然之间的文化多样性共生、文化尊重与包容。探讨中华冰雪文化的思想精髓和人文精神，乃是冰雪文化研究的宗旨与追求。《中华冰雪文化图典》是第一次系统研究中华冰雪文化的成果，分为中华冰雪历史文化、雪域生态文化和冰雪动植物文化三个主题共15本著作。

一

中华冰雪历史文化包括古代北方的冰雪文化、明清时期的冰雪文化、民国时期的冰雪文化、冰雪体育文化和中华冰雪诗画。

古代北方冰雪文化的有据可考时在旧石器时代晚期到新石器时代前期。在贝加尔湖到阿尔泰山的欧亚大陆地区，曾发现多处描绘冰雪狩猎的岩画。在青藏地区以及长白山和松花江流域等东北亚地区，也发现了许多这个时期表现自然崇拜和动植物生产的岩画。考古学家曾在阿勒泰市发现了一幅约1万年前的滑雪岩画，表明阿勒泰地区是古代欧亚大陆冰雪文化的重要起源地之一。关于古代冰雪狩猎文化，《山海经·海内经》早有记载，且见于《史记》《三国志》《北史》《通典》《隋书》《元一统志》等许多古籍。古代游牧冰雪文化在新疆的阿尔泰山、天山、喀喇昆仑山三大山脉和准噶尔、塔里木两大盆地尤为灿烂。丰富的冰雪融水和山地植被垂直带形成了可供四季游牧的山地牧场，孕育了包括喀什、和田、楼兰、龟兹等20多个绿洲。古代冰雪文化特有的地缘文明还形成了丝绸之路和多民族交流的东西和南北通道。

明清时期冰雪文化的特点之一是国家的冰雪文化活动，特别是宫廷冰嬉，逐渐发展为国家盛典。乾隆曾作《后哨鹿赋》，认为冰嬉、哨鹿和庆隆舞三者"皆国家旧俗遗风，可以垂示万世"。冰嬉规制进入"礼典"则说明其在礼乐制度中占有重要位置。乾隆还专为冰嬉盛典创作了《御制冰嬉赋》，将冰嬉归为"国俗大观"，命宫廷画师将冰嬉盛典绘成《冰嬉图》长卷。面对康乾盛世后期的帝国衰落，如何应对西方冲击，重振国运，成为国俗运动的动力。然而，随着国运日衰，冰嬉盛典终在光绪年间寿终正寝，飞驰的冰刀最终无法挽救停滞的帝国。

民国时期的冰雪文化发生在中国社会的巨大转型之下，尤其体现在近代民族主义、大众文化、妇女解放和日常生活之中。一些文章中透出滑冰乃"国俗""国粹"之民族优越感，另一类滑冰的民族主义叙事便是"为国溜冰！溜冰抗日！"使我们看到冰雪文化成为一种建构民族国家的文化元素。与之不同，在大众文化领域，则是东西方文化非冲突的互融。如北平的冰上化装舞会等冰雪文化作为一种日常生活的文化实践，在东方与西方、传统与现代、精英与百姓、国家与民众的文化并接过程中扮演了重要的角色，形成了中西交融、雅俗共赏、官民同享的文化转型特点。

近代中国社会经历了殖民之痛，一直寻求着现代化的立国之路。新文化运动后，舶来的"体育"概念携带着现代性思想开始广泛进入学校。当时清华大学、燕京大学、南开大学等均成立了冰球队，并在与外国球队比赛中取得不俗战绩。1949年新中国成立后，"发展体育运动，增强人民体质"成为"人民体育"发展的基本原则，广泛推动了工人、农民和解放军的冰雪体育，为日后中国逐渐跻身冰雪体育强国奠定了基础。

中华冰雪诗画是一道独特的风景线。早在新石器和夏商周时代，已经有了珍贵的冰雪岩画。唐宋诗画中诗雪画雪者很多，唐代王维的《雪中芭蕉图》是绘画史上的千古之争，北宋范宽善画雪景，世称其"画山画骨更画魂"。国家兴衰牵动许多诗画家的艺术情怀，如李白的《北风行》写出了一位思念赴长城救边丈夫的妇人心情："……箭空在，人今战死不复回。不忍见此物，焚之已成灰。黄河捧土尚可塞，北风雨雪恨难裁。"表达了千万个为国上战场的将士家庭，即便能够用黄土填塞黄河，也无法平息心中交织的恨与爱。

二

雪域生态文化包括冰雪民族文化、青藏高原山水文化、卡瓦格博雪山与珠穆朗玛峰。

中华大地上有着世界之巅珠穆朗玛峰和别具冰雪文化生态特点的青藏雪域高原；有着西北阿尔泰、天山山脉和祁连山脉；有着壮阔的内蒙古草原和富饶的黑山白水与华北平原；有着西南横断山脉。雪域各族人民在广袤的冰雪地理区域中，创造了不同生态位下各冰雪民族在生产、生活和娱乐节庆等方面的冰雪文化，如《格萨尔》史诗生动描述的青稞与人、社会以及多物种关系的文化生命体，呼唤出"大地人（autochthony）"的宇宙观。

青藏高原的山水文化浩瀚绵延，在藏人的想象中，青藏高原的形状像一片菩提树叶，叶脉是喜马拉雅、冈底斯、唐古拉、巴颜喀拉、昆仑、喀喇昆仑和祁连等连绵起伏的山脉，而遍布各地的大大小小的雪山和湖泊，恰似叶片上晶莹剔透的露珠，在阳光的照耀下熠熠生辉。青藏高原上物种丰富的生态多样性体现出它们的"文化自由"。人类学家卡斯特罗（E. de Castro）曾提出"多元自然论（multinaturalism）"，反思自然与文化的二元对立，强调多物种在文化或精神上的一致性，正是青藏高原冰雪文化体系的写照。

卡瓦格博雪山（梅里雪山）最令世人瞩目的是其从中心直到村落的神山体系。如位于卡瓦格博雪峰西南方深山峡谷中的德钦县雨崩村，是卡瓦格博地域的腹心地带，有区域神山3座，地域神山8座，村落神山15座。卡瓦格博与西藏和青海山神之间还借血缘和姻缘纽带结成神山联盟，既是宗教的精神共同体，也是人群的地域文化共同体。如此无山不神的神山体系，不仅是宇宙观，也是价值观、生活观，是雪域高原人类的文明杰作。

珠穆朗玛峰白雪皑皑的冰川景观，距今仅有一百多万年的历史。然而，近半个世纪来，随着全球变暖，冰川的强烈消融向人类敲响了警钟。从康熙年间（1708—1718）编成《皇舆全览图》到珠峰出现在中国版图上，反映出中西方相遇下的帝国转型和主权意识萌芽。从西方各国的珠峰探险，到英国民族主义的宣泄空间，再到清王朝与新中国领土主权与尊严的载体，珠峰"参与"了三百年来人与自然、科技与多元文化的碰撞，成为世人瞩目的人类冰雪文化的历史表征。今天，世界屋脊的自然生态和文化生态保护形势异常严峻，拉图尔（B. Latour）曾经这样回答"人类世"的生态难题：重新联结人类与土地的亲密关系，倾听大地神圣的气息，向自然万物请教"生态正义（eco-justice）"，恭敬地回到生物链上人类应有的位置，并谦卑地辅助地球资源的循环再生。

三

冰雪动植物文化包括青藏高原的植物、猛兽以及牦牛、藏鸦、猎鹰与驯鹿。

青藏高原的植物充满了神圣性与神话色彩。如佛经中常说到睡莲，白色睡莲象征慈悲与和平，黄色睡莲象征财富，红色睡莲代表威权，蓝色睡莲代表力量。青藏高原共有维管植物1万多种，有菩提树、藏红花、雪莲花、格桑花等国家一级保护植物和珍贵植物品种。然而随着环境的恶化和滥采乱挖，高原的植物生态受到严重威胁，令人思考罗安清（A. Tsing）在《末日松茸》中提出的一个严峻问题：面对"人类世"，人类如何"不发展"？如何与多物种共生？

在青藏高原的野生动物中，虎和豺被世界自然保护联盟列为等级"濒危"的物种，雪豹、豹、云豹和黑熊被列为"易危"物种。在"文革"期间及其之后的数十年中，高原猛兽一度遭到大肆捕杀。《可可西里》就讲述了巡山队员为保护藏羚羊与盗猎分子殊死战斗的故事，先后获得第17届东京国际电影节评委会大奖以及金马奖和金像奖，反映出人们保护人类冰雪动物家园的共同心向。

大约在距今200万年的上新世后半期到更新世，原始野牦牛已经出现。而在7300年前，野牦牛被驯化成家畜牦牛，成为人类生产、生活的重要伙伴。《山海经·北山经》有汉文关于牦牛最早的记载。牦牛的神圣性体现在神话传说中，如著名的雅拉香波山神、冈底斯山神等化身为白牦牛的说法；中华民族的母亲河长江，藏语即为"母牦牛河"。

青海藏南亚区位于青藏高原东南部边缘，地形复杂，多南北向深切河谷，植被垂直变化明显，几百种鸟类分布于此。特别在横断山脉及其附近高山区，存在部分喜马拉雅—横断山区型的鸟类，如雉鹑、血雉、白马鸡、棕草鹛、藏鹀等。1963年，中国科学院西北高原生物研究所科考队在玉树地区首次采集到两号藏鹀标本。目前，神鸟藏鹀的民间保护已经成为高原鸟类保护的一个典范。

在欧亚草原游牧生活中，猎鹰不仅是捕猎工具，更是人类情感的知心圣友。哈萨克族民间信仰中的"鹰舞"就是一种巴克斯（巫师）通鹰神的形式。哈萨克族人民的观念当中，鹰不能当作等价交换的物品，其价值是用亲情和友情来衡量的。猎鹰文化浸润在哈萨克族、柯尔克孜族牧民的生活中，无论是巴塔（祈祷）祝福词，还是婚礼仪式，以及给孩子起名，或欢歌乐舞中，都有猎鹰的影子。

驯鹿是泰加林中的生灵，"使鹿鄂温克"在呼伦贝尔草原生存的时间已有数百年。目前，北极驯鹿因气候变暖而大量死亡，我国的驯鹿文化也因为各种环境和人为原因而趋于消失，成为一种商业化下的旅游展演。费孝通的"文化自觉"，正是对禁猎后的鄂伦春人如何既保护民族文化又寻求生存发展所提出的："文化自觉"表达了世界各地多种文化接触中引起的人类心态之求。"人类发展到现在已开始要知道我们各民族的文化是哪里来的？怎样形成的？它的实质是什么？它将把人类带到哪里去？"

相信费孝通的这一世纪发问，也是对人类世的冰雪纪年"怎样形成？实质是什么？将把人类带向哪里？"的发问，是对人类冰雪文化"如何得到保护？多物种雪域生命体系如何可持续生存？"的发问，更是对人类良知与人性的世纪拷问！

《中华冰雪文化图典》丛书定位于具有学术性、思想性的冰雪文化普及读物，尝试展现中华优秀传统冰雪文化和冰雪文明的丰厚内涵，让"中华冰雪文化"成为人类文化交流互通的使者，将文明对话的和平氛围带给世界。以文化多样性、文化共生等人类发展理念促进人类和平相处、平等协商，共同建立美好的人类冰雪家园。

本丛书由清华大学社会科学学院人类学与民族学研究中心组织的"中华冰雪文化研究团队"完成。为迎接2022年北京冬季奥运会，2021年底已先期出版了精编版四卷本《中华冰雪文化图典》和中英文版两卷本《中华冰雪运动文化图典》。本丛书前期得到北京市社科规划办、清华大学人文振兴基金的支持，谨在此表示衷心的感谢！并特别向辛勤付出的"中华冰雪文化研究团队"全体同人、学苑出版社的编辑人员表示深深的谢意！感谢大家共同为中华冰雪文化研究做出的努力和贡献！

张小军

于清华园

2023年10月

序

随着文化体育事业的发展和冰雪旅游业的推进，与冰雪环境有关的文化事物受到人们越来越多的关注。特别是2022年北京冬奥会的举办，社会各界对冰雪文化的关注和探讨也在不断升温。冰雪艺术以及各类冰雪体育运动已经发展为独特的文化产业，从而也使冰雪文化成为人们关注的主要内容。然而，在形成文化产业之前，冰雪文化就一直以各种形态存在于民众的日常生活之中，是人类在冰雪环境中所创造的文化系统的重要组成部分。[1]

古代北方欧亚大陆存在着丰富的冰雪文化。然而，这类文化的起源及早期形态却少有人关注。我们参阅了国内外大量环境考古学方面的科研文献和早期人类在冰雪环境中活动的相关考据研究，最终得出了人类冰雪文化可能起源于北半球中纬度地带的推断。一些历史文献和民族志材料记载了这些冰雪文化在古代人群中的原貌，而另一些以冰雪文化为题材的史前岩画艺术则显示这些文化样貌具有更早的起源。这些材料中还可以找到反映不同冰雪文化在北半球古代人群中传播共享的诸多证据。文化不是一些简单的元素结合，而是一个人们生活于其中的系统。[2]对冰雪文化内涵的探讨也需要放置在人类社会生活发展变迁的具体情境中去进行。

---

[1] 杨军：《中国冰雪文化发展研究》，《体育文化导刊》2008年第9期。

[2] ［英］马林诺夫斯基：《文化论》，费孝通译，北京：中国民间文艺出版社，1987年，第11-14页。

在欧亚大陆的众多山脉地带中，阿尔泰山脉是亚洲北部古代冰雪文化重要的起源地。古代生活在亚洲北部泰加森林地带、山地草原地带以及沙漠绿洲地带的人群在不同的冰雪环境中创造出了丰富多彩的冰雪文化。中国史籍中存在许多描述亚洲北部古代冰雪文化的内容，中国北方部分地区的地方史志资料、古代游记以及一些汉译的域外稀见史料中也包含大量有用信息，对呈现北方古代冰雪文化的具体样貌很有帮助。我们课题组利用现在能找到的各类古代遗留物证材料及相关历史文献，努力勾勒当时冰雪环境中的人类生活场景，具体描述北方古代人类的冰雪文化系统，探索冰雪文化对于古代北方人群生活的价值与意义。同时，我们还希望具体反映冰雪文化在不同人群中传播共享的过程，揭示这一过程对北方古代地缘文明形成的影响和重要作用。

古代历史资料中虽有大量关于亚洲北部冰雪文化的内容，但这些内容散落在对不同历史时期、不同区域内众多人类群体与冰雪环境互动的社会文化活动的描述中。相关史料及物证非常分散，相关资料对古代人群及其文化形态的描述不系统等情况，使我们的撰写工作面临很大挑战。面对这些问题，我们主要根据古代人群的生态-生计模式对古代的冰雪文化进行了类型划分，将描述同一生态环境下相似冰雪文化的材料集中到一起，然后进行冰雪文化的分类描述。立足人类学研究的文化整体观，我们分析并整理出采集狩猎型冰雪文化、游牧型冰雪文化和农耕型冰雪文化三类古代北方冰雪文化。古代史料有注重记录政治事件而较少对民众生活描述的特征，我们也把与冰雪环境有关的历史事件放置在了区域文化的语境中去分析，从而有效透视出冰雪文化的历史动态。通过对现有相关资料的分类组合及辩证的整合分析，最终完成了《古代北方的冰雪文化》的撰写工作。我们希望，这本小书能给读者带来有关北方古代冰雪环境中人类生活场景和冰雪文化的有趣信息，也期待广大读者批评指正。

王建新

2021年1月

目 录

导　言　001

第一章　起源与传播　005

欧亚大陆西部　007

欧亚大陆东部　022

全新世欧亚大陆北部　039

第二章　采集狩猎与冰雪文化　046

森林冰雪环境　046

冰雪采集狩猎群体生计　053

采集狩猎人群的历史变迁　070

第三章　游牧与冰雪文化　081

草原冰雪环境　081

冰雪游牧群体生计　085

第四章　农耕与冰雪文化　107

农耕冰雪环境　107

灌溉农耕群体生计　112

第五章　冰雪文化与北方地缘文明　129

跨区域人群互动与冰雪文化传播　129

北方冰雪文化的共享与地缘文明的形成　139

北方地缘文明中的冰雪文化　144

结论与展望　158

附　录　163

导　言

冰雪作为一种重要的自然现象，它深刻地影响着地球上高海拔和高纬度地区的生态环境，同时也是形塑这些地区社会文化的基本因素。我们可以把人类在与自然环境的互动中形成的，并持续作用于人类生活的一整套相互关联的事物体系称之为文化，冰雪文化即可理解为是人类在与冰雪环境的互动中形成的文化系统。

自现代智人的远祖迁出非洲大陆之后，人类逐渐进入北半球的高大山脉地带。人类的远祖在那里适应了环境，进入有冰雪分布的区域，冰雪也进入了早期的人类生活世界。随着地球环境变迁和人类文明的适应性发展，许多人类群体最终进入了北半球中高纬度冰雪环境中生活。在已知的古代文明起源的区域中，除了形成于亚洲中部高原山地的冰雪文化地带以外，还有一条绵延于欧亚大陆北部的，西起北大西洋、东至白令海峡的广袤冰雪文化地带。这一区域大体位于北纬40度以北的中高纬度地带，冬季严寒漫长而降雪丰富，部分地区甚至常年为冰雪所覆盖。我们通常称这一区域为北方冰雪地带。在这广袤的区域内既有延绵万里的丘陵草原，也有湿润平坦的平原农田；既有茂密的山地森林，也有冰天雪地的苔原和冰原。进入这片广大区域活动的古代人群，在适应不同生态环境的过程中创造出丰富多样的生产生计方式，从而形成了不同类型的冰雪文化。

作为特殊地球环境地带的生产生活事物，冰雪文化的一些内容也被相关地带周边的其他人群所知晓。冰雪文化一直存在于广袤而特殊的生活环境中，与人类的生活世界相关联，在维持人类生命的运转和种群延续的过程中显示着自身的存在。在欧亚大陆的东方，有赖于古代中国的史料记载以及近现代民族志学家和旅行家的报道，冰雪地带的古代人类文化活动一直得到关注和记录，现代北方冰雪地带生活的人群里也能找到冰雪文化的印记。冰雪文化是北方冰雪地带广阔区域内的人群赖以生存和发展的重要的文化体系，对于思考人类与自然的关系以及人类自身发展前景等问题都有重要意义，特别在全球气候变暖的今天更具有参考价值。

国内学术界对冰雪文化的关注始于20世纪90年代，研究者绝大多数集中于东三省地区。相关研究主要以挖掘当地历史文化资源、推进旅游事业以及促进文体事业的发展为出发点。在这些研究中，有学者提到了当代冰雪文化的原始起源问题，认为冰雪文化产生于古代人群的日常生活，但后期逐渐超出生活需要的范畴，发展成为与体育运动、观光旅游、冰雪科技等相关的文化现象。[1] 也有学者提出，现代冰雪文化产生于古代人类为满足生存需要而进行的生产活动，但同样是将现在可利用的文化资源作为关注的重点。[2] 一些学者专门探讨古代人群的冰雪文化，但受整体研究倾向的影响，这方面的关注大多停留在与冰雪运动相关的古代冰雪交通技术的研究。[3] 这一时期的冰雪文化研究数量不大，但基本奠定了我国学术界的冰雪文化研究格局。研究者大多来自东北地区，研究内容主要集中于各种大型冰雪体育运动会和冰雪文化节等事项，冰雪文化的实用功能受到较多关注。

进入21世纪，我国的冰雪文化研究出现了两次高潮。第一次是2008年北京奥运会的举办所带来的体育文化研究热，第二次则是2015年冬奥会申办成功带来的对冬季体育运动以及冰雪文化产业的新一轮关注。这一时期的研究中有两点拓展内容值得注意。一是许多新的研究增加了挖掘和保护地方民俗的视角，对北方古代人群与冰雪

---

[1] 张永庆：《冰雪资源开发与冰雪文化发展》，《国土与自然资源研究》1994年第1期。

[2] 王德伟：《试论黑水流域的冰雪文化》，《黑龙江社会科学》1994年第6期。

[3] 韩丹：《我国古代冬季冰雪橇活动考》，《哈尔滨体育学院学报》1994年第1期。

文化相关的事项展开了更为详尽的挖掘；[1]二是一些研究者的视野开始跳出冰雪文化研究的原有区域局限，开始关注更大区域的古代冰雪文化，并且有的研究开始引入全世界范围内冰雪文化的交流视角。[2]尽管如此，我国冰雪文化研究仍然停留在为热点事务服务的实用层面，并没有产生挖掘深度方面的明显变化，缺乏北方古代冰雪文化历时层面的整体研究。

文化不是一堆元素的简单集合，而是一套系统，只有将文化的各种元素放置在人类社会活动的整体中才能客观地呈现其全貌。[3]人类生活的冰雪环境复杂多样，每种冰雪环境下都产生了相应类型的古代冰雪文化。其中，具有代表性的冰雪文化系统有采集狩猎型冰雪文化、游牧型冰雪文化和农耕型冰雪文化等三种类型。不同类型冰雪环境内的人类群体，其文化之间存在差异，但共享的冰雪环境使他们的文化之间也能共享一些基本特征。差异有助于我们理解不同冰雪环境下人类生存状态与冰雪文化相关联的区域特点，而共享的特征又有益于对各地冰雪文化互动传播及地缘文明关联发展的考察分析。

本书内容采自考古学、地质地理学、冰雪环境研究、史书方志、游记等国内外大量相关文献。基于以专业研究作铺垫的、具有史学深度的通俗读物的撰写目标，课题组注重挖掘、整理和展示，而避开不易阅读的专业性学术讨论。我们把主要精力放在对古代北方冰雪文化的整理和解读，以及对冰雪环境与人类活动的关联、冰雪文化的类型、地缘文明形成等事项的整体框架做分析和展示。我们试图说明，各地人类群体适应冰雪环境的方式不同，所形成的冰雪文化也丰富多样。人类群体在冰雪环境下的迁徙、互动与交融使不同冰雪文化之间

---

1 张晓光：《我国东北民族民俗中的冰雪文化》，《黑河学刊》2008年第3期；赫金鹏：《满族冰雪文化特征探析》，《黑龙江史志》2014年第3期；刘铁男、孙伯枫：《满族冰雪运动的历史渊源与演进》，《中国学校体育》2016年第5期；曹保明：《长白山冰雪文化》，长春：吉林大学出版社，2016年。

2 单兆鉴、阿依肯·加山：《中国·阿勒泰国际古老滑雪文化论坛报告》，北京：光明日报出版社，2016年；王景富：《世界五千年冰雪文化大观》，哈尔滨：黑龙江人民出版社，2007年。

3 ［英］马林诺夫斯基：《文化论》，费孝通译，北京：中国民间文艺出版社，1987年，第14页。

相互影响，相互渗透，形成你中有我、我中也有你的混成格局。可以说，这种混成的冰雪文化是不同人类群体在冰雪环境中共享的生存智慧，它支撑且推进了北半球人类地缘文明的形成、传播、发展和进步。

第一章
起源与传播

地球地理环境中，冰雪环境特色突出。打开全球卫星地图，可以看到一些洁白的区域，这些区域就是地球上冰雪常年覆盖的地区。这些冰雪地带主要分布在被称为"地球三极"的高海拔、高纬度区域，此外，地球中纬度地区在冬季也会形成季节性积雪。史前时期，受几次冰期的影响，古代冰川数次扩张到现在的中低纬度地带。[1] 末次冰期

▶ 图1-1　全球卫星地图
（https://map.bmcx.com/gaode__map/）

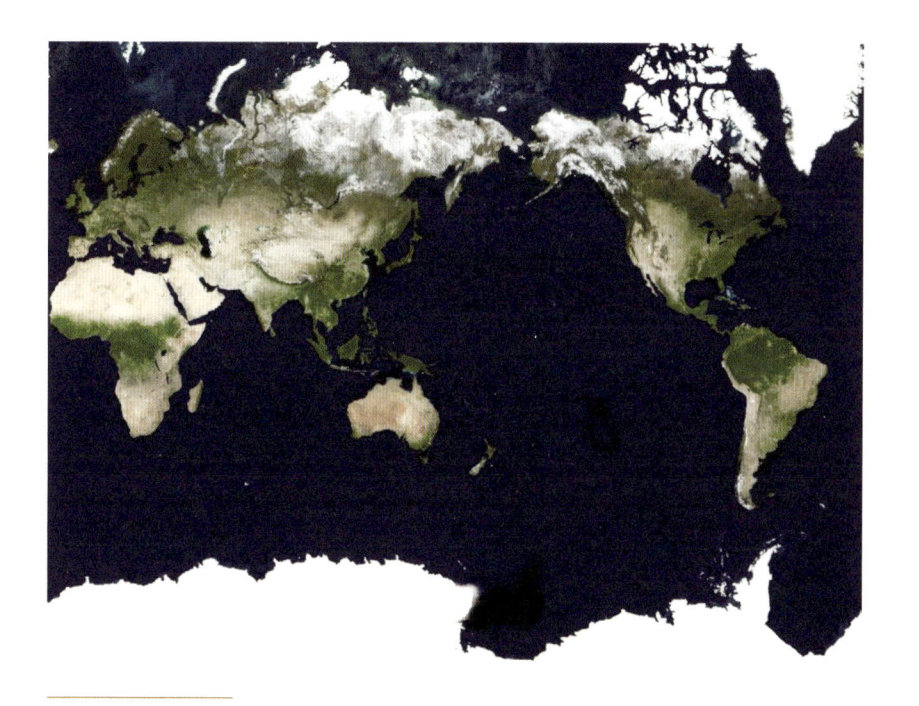

---

[1] Philip Hughes, "Earth Paleoenvironments: Records Preserved in Mid-and Low-Latitude Glaciers", *Quaternary Science Reviews*, 25 (2006): pp.390-399.

◀ 图1-2 南北半球冰雪环境分布对比

（http://www.wxditu.cn/）

后，地球形成了近似于现代的冰雪环境分布状态。[1]其中，有人类活动介入的冰雪环境主要分布在北半球。一方面，是因为南半球中高纬度陆地分布较少且南极洲等地区不适于人类长期居住；另一方面，是因为人类起源于北半球且较早地适应了北半球的冰雪环境。按照人类起源于非洲的学说，[2]当人类走出非洲，向更高纬度地区迁徙时，就会不同程度地进入冰雪环境。阿尔卑斯山脉、高加索山脉、西伯利亚南部阿尔泰山等中纬度地区山脉的阳坡及山间盆地，较好的水热环境为人类生存提供了基本条件。[3]随着生存区域和生活方式的反复调整，人类逐渐具有了与冰雪环境相处的生存能力。[4]欧亚大陆中部一些现存的岩画表明，滑冰、滑雪等冰雪文化事物可以追溯到遥远的旧石器时代，[5]说明人类进入地球冰雪环境由来已久。人类社会中现存的冰雪文化是在冰雪环境变迁与人类文化进步的过程中逐渐形成和发展起来的。

---

[1] Wentao Ye, Albert I. J. M. van Dijk, Alfredo Hvete, et al., "Global trends in vegetation seasonality in the GIMMS NDVI3g And their robustness", *International Journal of Applied Earth Observations and Geoinformation*, 94 (2021): p.3.

[2] Floyd A Reed, Sarah A, "African human diversity, origins and migrations", *Current Opinion in Genetics & Development* 16 (2006): pp.597-605. 参见李辉、金雯丽相关专门论述《人类起源与迁徙之谜》，上海：上海科技教育出版社，2020年，第94-96页。

[3] Jiri Chlachula, "Pleistocene climate change, natural environments and palaeolithic occupation of the Altai area, west–central Siberia", *Quaternary International*, 80–81 (2001): pp. 131–167.

[4] ［美］约翰·F.霍菲克尔：《北极史前史》，曲枫等译，北京：社会科学文献出版社，2020年。

[5] 李毅峰：《西域美术全集1·岩画卷》，天津：天津人民美术出版社，2016年，第69页；E.M.Kolpakov, "Economic activities in the petroglyphs of fennoscandia", *Quaternary International*, 54 (2020): pp.63-73.

欧亚大陆西部

地质时期的地球气候经历了长期复杂的变化。距今180万—160万年的早更新世时期，地球气候整体上变得越来越干旱，非洲的森林开始减少而草地不断扩张，人类受此影响走出非洲，迁徙到欧亚大陆的低纬度地区。距今120万—80万年前的中更新世时期，地球冰期与间冰期交替出现的周期变为10万年，且冰期更加寒冷、间冰期更加温暖。[1]在冰期和间冰期的多次循环中，人类的活动范围从低纬度地区逐渐扩展到了中纬度地区。

在距今约50万年前的一次间冰期中，海德堡人（Homo Heidelbergènsis）进入了欧洲南部活动，他们尚未具备适应寒冷环境的能力。[2]大约同一时期，从生活在中东一带的古人类中分化产生了丹尼索瓦人（Denisovana）和尼安德特人（Neanderthals）等群体。距今30万—5万年期间，被称为丹尼索瓦人的原始人类群体从西亚一带向东迁徙扩散到中亚阿尔泰山等欧亚大陆腹地活动，成为现代人类产生之前阿尔泰山及东亚地区的古代人群的重要组成部分。[3]距今约16万年前，向东迁徙的一支丹尼索瓦人甚至定居在了今甘肃省夏河县所在的海拔3200米的青藏高原东北部地区，[4]这说明他们已能适应高寒缺氧的自然条件，似乎更适合在高原山地生活。丹尼索瓦人早在距今约5万年前就已经发明了原始的针织等技术手段，在对环境的适应和生存技巧方面接近现代人的水平。[5]

---

[1] 李潇丽：《更新世气候变化与欧亚大陆人类演化》，《化石》2019年第1期。

[2] ［美］约翰·F. 霍菲克尔：《北极史前史》，曲枫等译，北京：社会科学文献出版社，2020年，第59-60页。

[3] Andrew Collins, Gregory L. Little: *Denisovan Origins, Hybrid Humans, Göbekli Tepe, and the Genesis of the Giants of Ancient America,* Rochester: Bear & Company, p.149.

[4] Dongju Zhang, Huan Xia, Ting Cheng, Fahu Chen, "New portraits of the Denisovans", *Science Bulletin*, 65 (2020): pp.1-3.

[5] Michael V. Shunkov, Maxim B. Kozlikin, Anatoly P. Derevianko, "Dynamics of Altai Paleolithic industries in the archaeological record of Denisowa Cave", *Quaternary International*, 559 (2020): pp.34-46.

△ 图1-3 阿尔泰丹尼索瓦人洞穴出土文物和动物骸骨（Thilo Parg, https://commons.wikimedia.org/w/index.php?curid=65260860）

与丹尼索瓦人向亚洲东部迁徙的相同时期，尼安德特人向北进入了西欧活动，并向东扩展到了东欧和西伯利亚南部一带。[1]随着气候变迁的影响，在欧亚大陆中北部区域生活的尼安德特人逐渐发展出能适应寒冷环境的体质。[2]尼安德特人主要以捕猎大型哺乳动物为生计，他们尚不具备捕猎小型动物的技术手段。[3]尼安德特人在利用动物皮毛方面也比较简单，并未掌握制衣和搭建住所的技术。[4]捕猎小动物、抗寒等满足冰雪环境生存活动的文化手段不发达，不利于他们在北方冬季的冰雪环境中维持稳定的生活，这说明尼安德特人中还没有形成适应寒冷冰雪环境的复杂文化手段。

6万—2.5万年间，全球气候较之前变得更加温暖湿润，与现代气候相似。[5]在此期间，走出非洲的现代人开始向全球迁徙扩散。现代人与远古的其他人类有所不同，他们基本上已经发展出了创造语言文化的能力，也具备了组织社会活动的能力。[6]现代人于5.5万年前占据了中东地区，由于文化比较先进，次第进入中东地区的现代人最终取

---

1 [美]约翰·F.霍菲克尔：《北极史前史》，曲枫等译，北京：社会科学文献出版社，2020年，第76—77页。

2 [美]约翰·F.霍菲克尔：《北极史前史》，曲枫等译，北京：社会科学文献出版社，2020年，第71—74页。

3 M. C. Stiner, et al., "Paleolithic Population Growth Pulses Evidenced by Small Animal Exploitation", *Science*, 283 (1999): pp.190-194.

4 Hoffecker, John F., *Desolate Landscapes: Ice-Age Settlement of Eastern Europe.* New Brunswick, NJ: Rutgers University Press, 2002: pp.106-108.

5 李潇丽：《更新世气候变化与欧亚大陆人类演化》，《化石》2019年第1期。

6 [美]约翰·F.霍菲克尔：《北极史前史》，曲枫等译，北京：社会科学文献出版社，2020年，第98—101页。

△ 图 1-4 早期智人迁徙图

[王卫东参考 "The great arc of dispersal of modern human: Africa to Australia"（Stephen Oppenheimer, *Quaternary International*, 202, 2009, p.5）, "Successes and failures of human dispersals from North Africa"（Elena A.A. Garcea, *Quaternary International*, 270, 2012, p.120）, "Archeology and the Anthropocene"（Jon M. Erlandson, Todd J. Braje, *Anthropocene*, 4, 2013, p.4）, "Pleistocene sea-level fluctuations and human evolution on the southern coastal plain of South Africa"（John S. Compton, *Quaternary Science Reviews*, 30, 2011, p. 516）, 在全球卫星地图（https://map.bmcx.com/gaode__map/）基础上绘制]

代尼安德特人成了亚洲低纬度地区的主人，而此时欧洲的尼安德特人也已经走向衰亡。[1]

距今约 4 万年前，在黎凡特（Levant）一带活动的现代人开始向西移动，并最终占领了大部分的欧洲大陆。同时，该地区活动的现代人也开始向东移动，约 3.9 万年前越过高加索山脉进入了黑海东北岸一带。[2] 在现代人向欧亚大陆西部迁徙扩散的同时，一支现代人也迁徙

---

[1] Joe Yuichiro Wakanoa, William Gilpinb, Seiji Kadowakic, et al., "Ecocultural range-expansion scenarios for there place mentor assimilation of Neanderthals by modern humans", *Theoretical Population Biology*, 119 (2018): pp.3–14.

[2] David Pleurdeau, Marie-Helene Moncel, Ron Pinhasa, et al., "Bondi Cave and the Middle-Upper Palaeolithic transition in western Georgia (south Caucasus)", *Quaternary Science Reviews*, 146 (2016): pp.77-98.

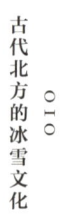

▲ 图 1-5　格拉维特石器

（Didier Descouens, https://commons.wikimedia.org/w/index.php?curid=12632322）

▲ 图 1-6　末次冰盛期期间北方欧亚大陆的人类文化适应地示意图

［王卫东在高德卫星地图（https://map.bmcx.com/gaode__map/）基础上绘制］

到了西伯利亚一带，与活动在西伯利亚南部阿尔泰山脉一带的丹尼索瓦人活动在同一地区。[1]对地层中花粉孢子样本、昆虫化石样本等物质的分析表明，此时欧亚大陆的大部分中高纬地区处于相对温和的环境，[2]这有利于现代人进入欧亚大陆北部地区活动。

距今约3万年前，全球气候变冷。在欧洲大陆，大部分人类群体向南迁徙到了较温暖区域，而一部分仍然留在原地的居民则在寒冷环境中完成了许多技术发明，欧洲学界称这些寒冷地带的人类活动遗址为"格拉维特（Gravettian）文化"。[3]到2.5万年前，全球迎来了末次冰期的冰盛期（LGM）。该时期全球山地植被垂直带谱向下移动了1000米以上，冰川面积占了全球陆地的30%，北半球动植物大规模向南迁徙。[4]受北极冰盖扩张的影响，北欧和中欧一带的森林全部灭绝，欧洲中北部区域受猛烈寒冷西风的影响而不适合人类居住。[5]随着生存环境的进一步恶化，持有格拉维特文化的人类群体最终也都迁徙到了欧洲南部温暖地区。在那里，他们发展出了更加精细的狩猎技术和石器文化。[6]欧洲考古学家把这些古代人群的文化划分为分布于意大利半岛和巴尔干半岛的后格拉维特（Epi-Gravettian）文化，以及分布在伊比利亚北部和法国西南部的马格德林（Magdalenian）文化，

1　Michael V. Shunkov, Maxim B. Kozlikin, Anatoly P. Derevianko. "Dynamics of Altai Paleolithic industries in the archaeological record of Denisowa Cave", *Quaternary International*, 559 (2020): pp.34–46.

2　[美]约翰·F.霍菲克尔：《北极史前史》，曲枫等译，北京：社会科学文献出版社，2020年，第108页。

3　Lawrence Guy Straus, "Humans confront the Last Glacial Maximum in Western Europe: Reflections on the Solutrean weaponry phenomenon in the broader contexts of technological change and cultural adaptation", *Quaternary International*, 425 (2016): pp.62-68.

4　周尚哲、赵井东、王杰等：《第四纪冰冻圈——全球变化长尺度研究》，《中国科学院院刊》2020年第4期。

5　Marco Peresani, Giovanni Monegato, Cesare Ravazzi, et al., "Hunter-gatherers across the great Adriatic-Po region during the Last Glacial Maximum: Environmental and cultural dynamics", *Quaternary International*, 2020, journal homepage: www.elsevier.com/locate/quaint.

6　Lawrence Guy Straus, "Humans confront the Last Glacial Maximum in Western Europe: Reflections on the Solutrean weaponry phenomenon in the broader contexts of technological change and cultural adaptation", *Quaternary International*, 425 (2016): pp.62-68.

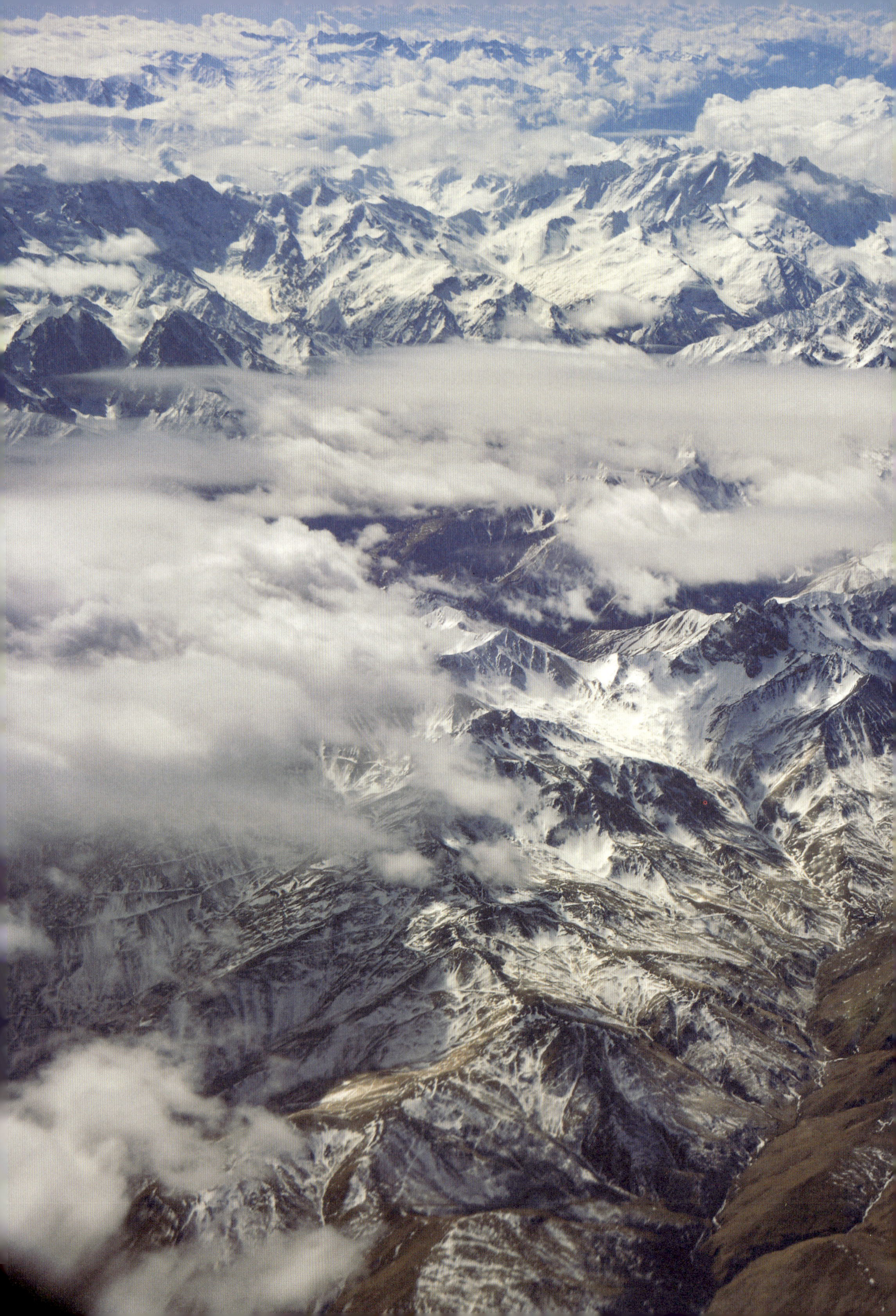

图 1-7　高加索地区的冰雪环境
（Henna Sahlberg）

法国西南部的罗纳河是两种文化之间的分布界限。[1]此时期，在西伯利亚，除阿尔泰－萨彦高原的部分南西伯利亚山地外，人类最终放弃了西伯利亚的大部分区域。[2]此外，高加索地区发现的更新世人类持续定居的证据、格拉维特文化遗址以及当地距今2.5万—2万年期间人类复杂的基因组差异都表明，高加索山区也是末次冰盛期人类的重要栖息地。[3]

距今约2万年前，末次冰盛期进入衰退期，冰川开始消退。欧洲的人类开始了向高纬度和高海拔地区的冰雪环境的迁徙。在西欧，由于瑞士高原北缘的朱拉山脉对阿尔卑斯冰川的阻挡作用，朱拉山脉北侧和与之毗邻的德国西南部斯瓦比亚地区出现了不同动植物群落汇集的苔原环境，具备人类活动的条件。斯瓦比亚－朱拉地区的早期马格德林人主要活动在海拔600米以下的苔原上，以季节性的狩猎为生，秋冬季节居住在大型的定居场所，春夏季节分散捕猎。马和驯鹿是他们的主要猎物，此外他们也捕捉山羊、旱獭、北极狐、鼠兔等一些小型动物。[4]而此时，瑞士高原几乎完全被冰雪覆盖。[5]

---

1 Maryline Rillardon, Jean-Philip Brugal, "What about the Broad Spectrum revolution? Subsistence strategy of hinter-gatherers in Southeast France between 20 and 8 ka BP", *Quaternary International*, 337 (2014): pp.129-153.

2 Jiri Chlachula, "Pleistocene climate change, natural environments and palaeolithic occupation of the upper Yenisei area, south-central Siberia", *Quaternary International*, 80-81 (2001): pp.101-130.

3 Y. Fernandez-Jalvo, T.King, P. Andrews, et al., "The Azokh Cave complex: Middle Pleistocene to Holocene human occupation in the Caucasus", *Journal of Human Evolution*, 58 (2010): pp.103-109; Ekaterina Doronicheva, Liubov Golovanova, Vladimir Doronichev, et al., "Psytuaje rockshelter-A new site documenting the final of the Epipalaeolithic in the north-central Caucasus, Russia", *Journal of Archaeological Science: Reports*, 29 (2020): pp.1-8; Cristiana Margherita, Gregorio Oxilia, Veronica Barbi, et al., "Morphological description and morphometric analyses pf the Upper Palaeolithic human remains from Dzudzuana and Satsurblia caves, western Georgia", *Journal of Human Evolution,* 113 (2017): pp.83-90.

4 Denisa Leesch, Werner Muller, Ebbe Nielsen, et al., "The Magdalenian in Switzerland: Re-colonnization of a newly accessible landscape", *Quaternary International,* 272-273 (2012): pp.191-208; Gillian L. Wong, Dorothee G. Drucker, Britt M. Starkovich, et al., "Latest Pleistocene paleoenviromental reconstructions from the Swabian Jura, southwestern Germany: Evidence from stable isotope analysis and micromammal remains", *Palaeogeography, Palaeolimatology, Palaeoecology*, 540 (2020): pp.1-18.

5 Gillian L. Wong, Dorothee G. Drucker, Britt M. Starkovich, et al., "Latest Pleistocene paleoenviromental reconstructions from the Swabian Jura, southwestern Germany: Evidence from stable isotope analysis and micromammal remains", *Palaeogeography, Palaeolimatology, Palaeoecology*, 540 (2020): pp.1-18.

△ 图1-8 马格德林人的早期迁徙活动

[王卫东参考 "Hunter-gatherers across the great Adriatic-Po region during the Last Glacial Maximum: Environmental and cultural dynamics"（Marco Peresani, Giovanni Monegato, Cesare Ravazzi, et al., *Quaternary International*, 2020, journal homepage: www.elsevier.com/locate/quaint）文中示意图绘制]

之后，随着冰川的消退和气候变暖，瑞士高原约于1.87万年前形成了物种丰富的无树草原和苔原景观，草本植物增加，大型食草动物繁衍，马格德林人于此时大规模进入瑞士高原活动。[1] 占领了瑞士高原的人类并没有进入阿尔卑斯山区域活动。而是通过瑞士高原，开始了向中欧的扩展。斯瓦比亚-朱拉地区的马格德林人最早沿着莱茵河上游河谷进入了莱茵兰地区活动，另一支在此地活动的人群沿着多瑙河上游河谷向东迁徙，于距今1.85万—1.75万年间进入喀尔巴阡山脉（Carpathian Mountains）北麓的波兰东南部区域。[2]

定居在中欧一带的马格德林人发展出了成熟的游猎文化，夏季可以迁徙到很远的地方从事狩猎和物品交换活动，冬季则定居在温暖的

---

[1] Hazel Reade, Jennifer A. Tripp, Sophy Charlton, et al., "Deglacial landscapes and the Late Upper Palaeolithic of Switzerland", *Quaternary Science Reviews*, 239 (2020): pp.1-12.

[2] Denisa Leesch, Werner Muller, Ebbe Nielsen, et al., "The Magdalenian in Switzerland: Re-colonnization of a newly accessible landscape", *Quaternary International*, 272-273 (2012): pp.191-208; Dariusz Bobak, Maria Lanczont, Przemyslaw Mroczek et al., "Magdalenian settlement on the edge of the loess island: A case study from the northern foreland of the Carpathians", *Quaternary International*, 438 (2017): pp.158-173.

盆地和山谷地带，在他们冬季的住所中已经出现了密集使用的房屋等保暖设施[1]，这些技术的发明表明中欧的马格德林人已经能够适应当地冬天的冰雪环境。一些海洋动物化石的传播显示，马格德林人经常在欧洲中部的高原山地和北部的沿海低地之间进行季节性的迁徙，他们依靠多元的季节性狩猎文化保持了跨越广大区域的社会网络。[2] 马格德林人于距今约1.65万年前迁徙到了巴黎盆地和比利时。[3] 此时期，一些有蹄类动物和海洋动物已经成为古代人群的主要猎物，一部分晚期马格德林文化的持有群体以及由其演化而来的居住在西欧沿海平原的汉堡人（Hamburgian）和阿伦斯堡人（Ahrensburgian）等群体追逐猎物穿过当时还是陆地的北海盆地，将自己的活动地域扩展到了北欧的苏格兰和斯堪的那维亚半岛南部区域。[4]

在马格德林人定居瑞士并由瑞士扩散至中欧其他地区的同时，南欧的后格拉维特文化人群（Epi-Gravettian Groups）也开始了向高纬度地区的迁徙活动。冰川期结束后，巴尔干半岛的居民开始了向其他地区迁徙，其中一部分进入了东欧平原。[5] 末次冰川后，东欧平原的苔原地带所出现的后格拉维特文化具有明显的多元文化特征，在顿河上

---

[1] Martin Street, Olaf Joris, Elaine Turner, "Magdalenian settlement in the German Rhineland- An update", *Quaternary International*, 272-273 (2012): pp.231-250.

[2] Michelle C. Langley, Martin Street, "Long range inland-coastal networks during the Late Magdalenian: Evidence for individual acquisition of marine resources at Andernach-Martinsberg. German Central Rhineland", *Journal of Human Evolution*, 64 (2013): pp.457-465.

[3] Marco Peresani, Giovanni Monegato, Cesare Ravazzi, et al., "Hunter-gatherers across the great Adriatic-Po region during the Last Glacial Maximum: Environmental and cultural dynamics", *Quaternary International*, 2020, journal homepage: www.elsevier.com/locate/quaint.

[4] Marco Peresani, Giovanni Monegato, Cesare Ravazzi, et al., "Hunter-gatherers across the great Adriatic-Po region during the Last Glacial Maximum: Environmental and cultural dynamics", *Quaternary International*, 2020, journal homepage: www.elsevier.com/locate/quaint; Karen Hardy, Torben Ballin, Andrew Bicket, "Repidly changing worlds. Finding the earliest human occupations on soctland's north-west coastline", *Quaternary International*, 2021, journal homepage: www.elsevier.com/locate/quaint.

[5] Marco Peresani, Giovanni Monegato, Cesare Ravazzi, et al., "Hunter-gatherers across the great Adriatic-Po region during the Last Glacial Maximum: Environmental and cultural dynamics", *Quaternary International*, 2020, journal homepage: www.elsevier.com/locate/quaint.

▷ 图 1-9
公元前 7000—9000 年马格德林人的生活工具
（https://commons.wikimedia.org/w/index.php?curid=10681916）

游和第聂伯河上游的众多后格拉维特遗址中发现了古代人类多样化的生存策略。[1] 在那里，后格拉维特文化人群发明了利用猛犸象骨架和动物皮毛制造住房的技术，并且发明了冬季取暖用的壁炉。[2] 利用这些文化手段，人们获取了在东欧平原寒冷的冰雪环境中生存的技术条件。与欧洲人类向高纬度地区迁徙的相同时期，距今 1.7 万—1.4 万年间，意大利的苏维特里（Sauveterrian）文化的渔民、猎人和采集者就已经扩散到了阿尔卑斯山海拔约 2300 米的地方，但这部分人群似乎尚未

---

1 Konstantin N. Gavrilov, "The Epigravettian of Central Russian Plain", *Quaternary International*, https://doi.org/10.1016/j.quaint.2020.10.016.

2 Laetitia Demay, Stephane Pean, Valentina I. Beiyaeva, et al., "Zooarchaeological study of an Upper Palaeolithic site with mammoth remains, Pushkari I– excavation VII (Chernigov oblast Ukraine)", *Quaternary International*, 406 (2016): pp.183-201; A. A. Velichko, E. I. Kurenkova, P. M. Dolukhanov, "Human socio-economic adaptation to environment in Late Palaeolithic, Mesolithic and Neolithic Eastern Europe", *Quaternary International*, 202 (2009): pp.1-9.

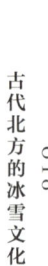

图1-10 顿河上游后格拉维特文化中的猛犸象骨屋（Upper Palaeolithic mammoth mega-sites: a dog's dinner?, https://globalpalaeonews.wordpress.com/2014/05/23/upper-palaeolithic-mammoth-mega-sites-a-dogs-dinner/）

进入阿尔卑斯山的高山地带活动。[1]

距今1.4万—1.2万年前的更新世末期，气候史上经历了一次气候变冷的事件。在北欧地区，在巨大的芬诺斯堪的那维亚冰川和欧洲晚冰期气候突然转冷事件的影响下，那里的人类活动并没有持续存在下来。[2] 此时期，原本生活在寒冷地区的植物仙女木扩展到了一些气候温暖的区域，所以这一气候事件也被称为"仙女木事件（Dryas Event）"。在仙女木时期，寒冷的气候环境造成猎物稀少，欧洲平原上以狩猎驯鹿为生的阿伦斯堡人群为适应环境变化而增加了狩猎的流动性；而阿尔卑斯山地及其北部高原山地生活的人类则追寻猎物进入了山中较温暖的谷地生存。[3] 这说明在欧洲生活的古代人群普遍适应了一种流动的狩猎-采集生活方式，可以非常灵活地适应寒冷的冰雪环境。此后，新仙女木事件（Younger Dryas）爆发，气候变得更加冷寒，但严酷的冰雪环境并没有影响采集狩猎者的生活方式，甚至雪橇

---

1 Federica Fontana, Davide Visentin, "Between the Venetian Alps and the Apennines (Northern Italy): Highland vs. lpwland occupation in the early Mesolithic", *Quaternary International*, 423 (2016): pp.266-278.

2 Lotte Selsing, "People and fire management in South Norway during the Lateglacial", *Journal of Archaeological Science: Reports*, 18 (2018): pp.239-271.

3 Mara-julia Weber, Sonja B. Grimm, Michael Baales, "Between warm and cold: Impact of the Younger Dryas on human behavior in Central Europe", *Quaternary International*, 242 (2011): pp.277-301.

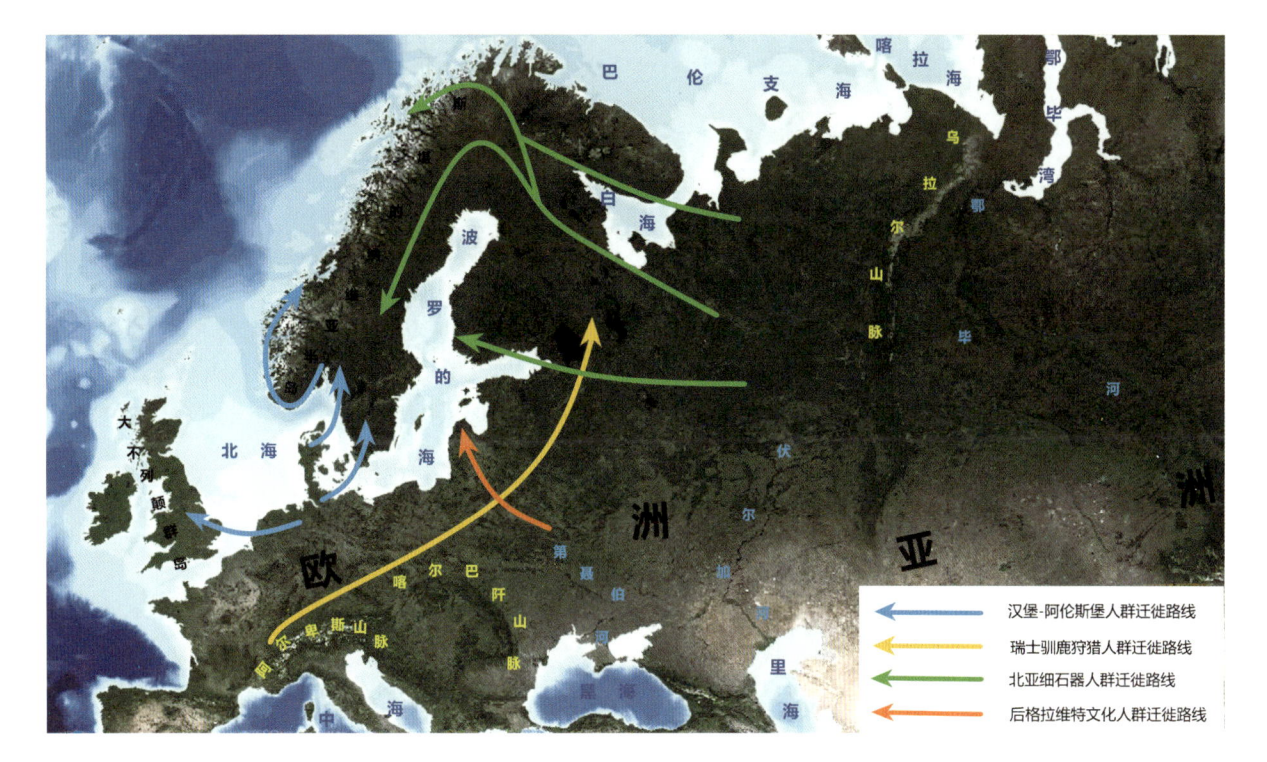

▲ 图1-11　全新世早期人类向北欧地区的迁徙活动

[王卫东参考《北极史前史》（约翰·F·霍菲克尔，曲枫等译，北京：社会科学文献出版社，2020年），"Hunter-gatherers across the great Adriatic-Po region during the Last Glacial Maximum: Environmental and cultural dynamics"（Marco Peresani, Giovanni Monegato, Cesare Ravazzi, et al., *Quaternary International*, 2020, journal homepage: www.elsevier.com/locate/quaint），"Initial colonization of the Arctic zone"（Vladimir Shumkin, Comptes Rendus Palevol, 5, 2006, pp.319–322），"From flint quartz: Organization of lithic technology in relation to raw material availability during the pioneer process of Scandinavia"（Helena Knutsson, Kjel Knutsson, Fredrik Molin, et al., *Quaternary International*, 424, 2020, pp.33），在中科星图地图（https://map.bmcx.com）基础上绘制]

和船等文化发明在新仙女木事件期间也已经出现，一部分阿伦斯堡人大概已经将其狩猎场从冬季长达七个月冰封的北海和挪威海峡扩展到了挪威的南部地区。[1]

约1万年前，人类群体开始再次向欧亚大陆西部的高海拔地区（阿尔卑斯山脉）和高纬度地区（斯堪的那维亚）迁徙扩散。旧仙女木气候事件结束后，全球气温迅速回暖，地球进入了全新世。新仙女木气候事件后的气温升高改变了欧洲的生态环境，阿尔卑斯等地

1　Lotte Selsing, "People and fire management in South Norway during the Lateglacial", *Journal of Archaeological Science: Reports*, 18 (2018): pp.239-271.

的喜寒物种迅速被温带物种所取代。[1]此时，以狩猎驯鹿为生的阿伦斯堡人和一部分生活在瑞士境内的驯鹿狩猎者离开了原居地迁徙向了北方，挪威南部的阿伦斯堡人继续向北迁入挪威北部沿海地区，而瑞士人则向东及东北迁徙向了波罗的海东岸地区。[2]阿伦斯堡人的后代在挪威西海岸的北极冰雪环境中创造了科姆萨（Komsa）文化和福斯纳（Fosna）文化，瑞士驯鹿狩猎者的后代则在东欧北部的冰雪环境中创造了索穆斯亚尔维（Suomusyarvi）文化。[3]此时期，一支携带着先进细石器技术的南西伯利亚古代人群，也于距今约9000年前的全新世早期随着冰盖的消退而向西迁徙到了斯堪的那维亚的东部地区。[4]一项关于现代萨米人（Sami）、阿留申人（Aleutian）和布里亚特人（Buryat）之间基因对比的分子人类学研究，也为这次大规模的人口迁徙和文化交融提供了证据。[5]随着多种技术文化的交融，人类在北欧的极地环境中创造出了丰富多彩的冰雪文化。在全新世早期至青铜器时期的斯堪的那维亚半岛北部岩画中，出现了大量以滑雪狩猎为题材的岩画。[6]这些都说明，至此时期，在高纬度的冰雪环境中已经形成了成熟而丰富的古代冰雪文化。

在人类向高纬度冰雪环境迁徙的同时，人类对高海拔地区的冰雪环境适应也正在发生。随着阿尔卑斯山高地气温的升高，该地高山地

1　Geoffrey Lemdahl, "Lateglacial and Early Holocene insect assemblages from sites at different altitudes in the Swiss Alps–implications on climate and environment", *Palaeogeography, Palaeolimatology, Palaeoecology*, 159 (2000): pp.293-312.

2　Vladimir Shumkin, "Initial colonization of the Arctic zone", *Comptes Rendus Palevol*, 5 (2006): pp.319-322.

3　Vladimir Shumkin, "Initial colonization of the Arctic zone", *Comptes Rendus Palevol*, 5 (2006): pp.319-322.

4　Helena Knutsson, Kjel Knutsson, Fredrik Molin, et al., "From flint quartz: Organization of lithic technology in relation to raw material availability during the pioneer process of Scandinavia", *Quaternary International*, 424 (2020): pp.32-57.

5　Juan Moscoso, Michael H. Crawford, Jose L. Vicario, et al., "HLA genes of Aleutian Islanders living between Alaska (USA) and Kamchatka (Russia) suggest a possible southern Siberia origin", *Molecular Immunology*, 45 (2008): pp.1018-1026.

6　E.M.Kolpakov, "Economic activities in the petroglyphs of fennoscandia", *Quaternary International*, 54 (2020): pp.63-73.

▲ 图1-12 北欧史前滑雪文物遗存分布情况

[王卫东参考《中国·阿勒泰国际古老滑雪文化论坛报告》（单兆鉴、阿依肯·加山，北京：光明日报出版社，2015年），"Economic activities in the petroglyphs of Fennoscandia"（E.M.Kolpakov, *Quaternary International*, 541, 2020, p.64）绘制]

区的人类活动也逐渐增多。从时间上看，这些频繁出现的地点都分布在距今1.1万年前后时期。[1]奥地利和瑞士东南部阿尔卑斯山高山地区的考古遗存显示，距今约9000年前人类就已经在阿尔卑斯山的高海拔地区活动，当时的采集狩猎者甚至已经在接近山顶的冰川区域活动。[2]林线以上的动物资源是吸引古代采集狩猎人群进入阿尔卑斯山脉高山地区的主要原因，存在于中石器时代的一些微生物遗址和煤焦层表明高山地带常被用作狩猎营地。此外，阿尔卑斯山山顶的积雪并没有对来自不同方向的人群形成交往的障碍。[3]

1　Gabriele L.F. Berruti, David F. Berte, Sandro Caracausi, et al., "New evidence of human frequentations in the western Alps: The project Survey Alta Valsessera (Piedmont–Italy)", *Quaternary International*, 402 (2016): pp.15-25.

2　Marcel Cornelissen, Thomas Reitmaier, "Filling the gap: Recent Mesolithic discoveries in the central and south–eastern Swiss Alps", *Quaternary International*, 423 (2016): pp.9-22.

3　Andreas Putzer, Daniela Festi, Sophie Edlmir, et al., "The development of human activity in the high altitudes of the Schnals Valley (South Tyrol/Italy) from the Mesolithic to modern periods", *Journal of Archaeological Science: Reports*, 6 (2016): pp.136-147.

欧亚大陆东部

阿尔泰山是亚洲中北部地区一条延绵高大的山脉，阿尔泰山脉北部的诸高山与萨彦岭、唐努乌梁山等东西向的山脉相连接，共同构成了南西伯利亚地区的山地地形。这些山地的诸高大山脉，从远古时期至今一直发育有规模巨大的冰川。[1] 此外，自阿尔泰山以北的西伯利亚起到北极圈为止的地区，冬季常常为冰雪覆盖，西伯利亚南部山区接近阿尔泰山北坡的地带冬季降雪尤其丰富，有的地方冬天甚至可以达到几米厚的积雪。[2] 阿尔泰山则是这一广阔延绵的冰雪环境的南部边缘。同时，阿尔泰-萨彦岭山地喀斯特地貌区的岩洞和山间盆地保持了温暖的环境，为远古人类的生存提供了良好的庇护所。[3] 因此，虽然全球气候经历过多次冰期，这些区域却一直存在着人类居住的遗址。[4] 向北迁徙的古代人群，就是在这里逐渐适应冰雪环境后进入西伯利亚和蒙古高原等地区活动的。

今天南西伯利亚的众多山地有相似的垂直自然带谱，而海拔最高、降水量最丰富且纬度最低的阿尔泰山具有更完整更丰富的垂直自然带谱。[5] 丹尼索瓦人适应高寒缺氧环境的身体条件，很有可能使他们能够在不同海拔高度的垂直生态地带生存。距今约4.2万年前，现代人已经将其影响扩散到了阿尔泰

---

[1] 袁国映：《阿尔泰山西部地区的垂直自然带》，《地理学报》1986年第1期；[苏] 米哈伊洛夫：《西伯利亚自然地理概述》，周坚操译，北京：商务印书馆，1958年，第279、281页。

[2] [苏] 米哈伊洛夫：《西伯利亚自然地理概述》，周坚操译，北京：商务印书馆，1958年，第91-92页。

[3] Jiri Chlachula, "Chronology and environments of the Pleistocene peopling of North Asia", *Archaeological Research in Asia*, 12 (2017): pp.33-53.

[4] Dongju Zhang, Huan Xia, Ting Cheng, et al., "New portraits of the Denisovans", *Science Bulletin*, 65 (2020): pp.1-3.

[5] [苏] 米哈伊洛夫：《西伯利亚自然地理概述》，周坚操译，北京：商务印书馆，1958年，第209-229页。

△ 图 1-13 阿尔泰山的冰雪环境（王铁男 摄影）

山地区，[1]他们已经学会了大量地用文化手段来适应生态环境。[2]现代人类和丹尼索瓦人曾经共处于一个区域活动并一起繁衍后代，[3]一部分科学家倾向于认为，这两种人类群体的相互融合形成了现代亚洲及部分美洲现代人类的祖先。[4]借助文化手段的叠加和基因的融合，阿尔泰山古代人群已具备了在高山冰雪环境中创造丰富冰雪文化的潜能。

距今约3万年前，末次冰期来临，全球气候开始变冷。海拔和纬度都较高的阿尔泰山首当其冲，动植物资源逐渐减少，生活在那里的古代人群为适应这一变化而采取了更加流动的生活方式，一种便于流动狩猎的细石器文化随之生成。[5]此后，随着人群的流动，细石器文化逐渐扩展到了蒙古高原、东北亚和中国北部地区。[6]随着末次冰川的进一步扩展，西伯利亚的大部分地区已不适于人类活动，而萨彦岭和阿尔泰山地区则因特殊的地理环境而保留了动植物赖以生存的多种生态环境，成了末次冰盛期人类活动的避难所。[7]末次冰川时期，阿尔泰山的部分地区以及北方的西伯利亚形成了冻土苔原生态区域，成了披毛犀、猛犸象等野生动物的家园。[8]这些动物资源为冰川时期生活在阿尔

---

1 Ted Goebel, A. P. Derevianko, V. T. Petrin, "Dating the Middle-to-Paleolithic Trasition at Kara-Bom", *Current Anthropology*, 34 (1993), pp. 452-458; Goebel, *The Pleistocene Colonization of Siberia*, pp.213-214.

2 ［美］约翰·F. 霍菲克尔：《北极史前史》，曲枫等译，北京：社会科学文献出版社，2020年，第98-101页。

3 张明、平婉清、付巧妹：《解读史前人类遗传混血史——普遍发生的混血现象》，《科学通报》2020年第16期。

4 Andrew Collins, Gregory L. Little, *Denisovan Origins, Hybrid Humans, Göbekli Tepe, and the Genesis of the Giants of Ancient America*, Rochester:Bear & Company: p134.

5 Mingjie Yi, Xing Gao, Feng Li, et al., "Rethinking the origin of microblade technology: A chronological and ecological perspective", *Quaternary International*, 400 (2016): pp. 130-139.

6 Mingjie Yi, Xing Gao, Feng Li, et al., "Rethinking the origin of microblade technology: A chronological and ecological perspective", *Quaternary International*, 400 (2016): pp. 130-139.

7 Martin Hais, Klára Komprdová, Nikolai Ermakov, et al., "Modelling the Last Glacial Maximum environments for a refugium of Pleistocene biota in the Russian Altai Mountains, Siberia", *Palaeogeography, Palaeoclimatology, Palaeoecology*, 438 (2015): pp. 135–145.

8 周尚哲、赵井东、王杰等：《第四纪冰冻圈——全球变化长尺度研究》，《中国科学院院刊》2020年第4期。

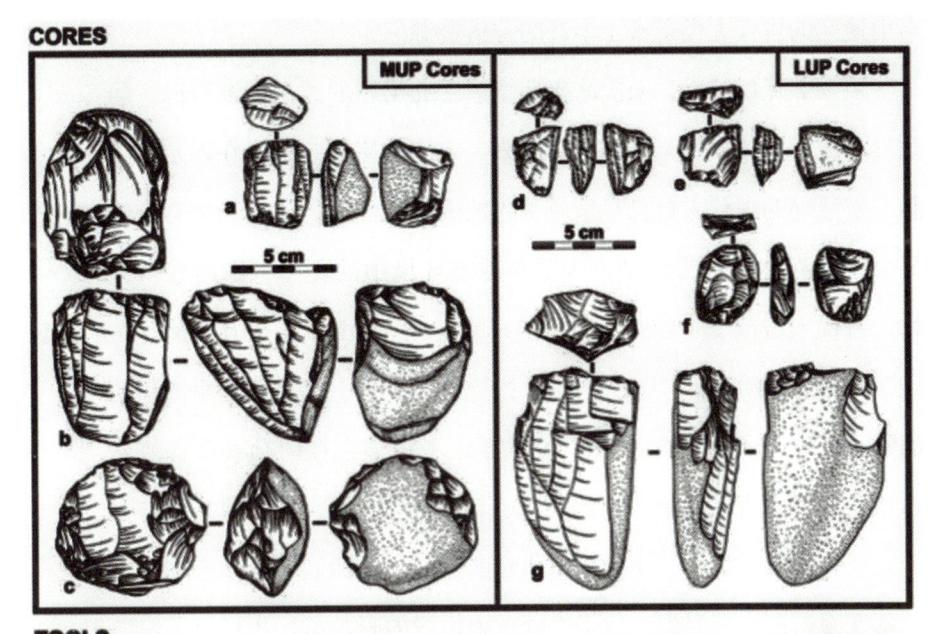

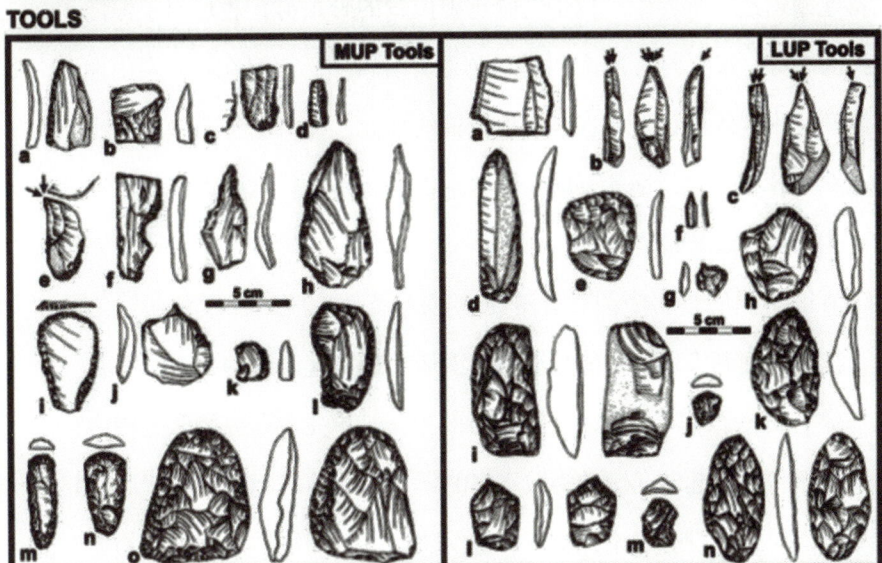

△ 图 1-14　阿尔泰细石器

[Kelly E. Graf, "Hunter–gatherer dispersals in the mammoth-steppe: technological provisioning and land-use in the Enisei River valley, south-central Siberia", *Journal of Archaeological Science*, 37（2010）: p.216]

泰山地区的古代人类带来了丰富的狩猎资源。

距今 2 万年前后，末次冰盛期结束，北半球的冰川渐渐消退，阿尔泰山地区的气候逐渐变得温暖起来。末次冰盛期晚期，在阿尔泰山脉一带活动的古代人群已经适应了当地的冰雪环境，他们当中有一部分人开始在冰缘地带活动。为了在冰雪环境中的更广范围内获得食物，古代人群改变了依赖定居点的狩猎方式。距今约 2.1 万年前，一种新的更便携的细石器（LUP）随之产生。[1]同时，适用于远距离移动的雪上交通工具也由此产生。2005 年，考古学家在阿勒泰市郊敦德布拉克地方发现了一幅距今约 1.8 万年的滑雪岩画。岩画的左上方有十几个脚踏滑雪板或"牛骨"而曲肢前行的人，他们列成弧形阵势正准备迂回追赶一群野牛。位于岩画正中位置的野牛群，表现出了惊慌失措的态势，极力向前奔驰。[2]这幅岩画充分说明，当时在阿尔泰山地区活动的古代人群已经掌握了雪地狩猎的技能，在冬季狩猎中发展出了成熟的冰雪文化。毫无疑问，阿尔泰山地区是古代欧亚大陆北方冰雪文化的重要起源地之一。

值得一提的是，中国学者单兆鉴等人经过长期的探索和研讨之后，提出了阿勒泰地区可能是世界滑雪运动最早起源地的主张，并在此基础上发表了《阿勒泰宣言》。[3]目前为止，单兆鉴研究团队是国内外探讨冰雪运动起源问题的为数不多的学者。此前国际学界对于冰雪运动起源何处并没有定论，由于一些反映远古时期滑雪活动的文物遗存主要在北欧一带被发现，所以北欧起源说最有影响力。[4]在单兆鉴团队参与组织的关于人类滑雪起源地的讨论中，有几个方面的论说具有很强的说服力，对于论证人类滑雪运动起源于阿勒泰地区具有重大影

---

[1] Kelly E. Graf, "Hunter‐gatherer dispersals in the mammoth–steppe: technological provisioning and land-use in the Enisei River valley, south–central Siberia", *Journal of Archaeological Science*, 37 (2010): pp. 210–223.

[2] 李毅峰：《西域美术全集 1 岩画卷》，天津：天津人民美术出版社，2016 年，第 69 页。

[3] 单兆鉴、王博：《人类滑雪起源地——中国·新疆·阿勒泰》，北京：人民体育出版社，2011 年，第 58-59 页。

[4] 单兆鉴：《雪·鉴：人类滑雪的摇篮》，北京：北京出版社，2018 年。

△ 图 1-15 典型苔原景观
(Dennis Cowals, 1973, The U.S. National Archives)

响。其中，王博研究员对比了欧亚大陆的众多滑雪岩画，发现敦德布拉克岩画出现的时间最早。结合阿尔泰山的自然人文条件以及关于该地区丰富的古代滑雪历史资料记载，他提出了冰雪运动起源于阿勒泰地区的论点。[1] 王博研究员推论，滑雪器具的演变可能经历了一个由简单到复杂的过程，滑雪板的发展也经历了由短到长的不同阶段。在对比了欧亚大陆不同滑雪岩画中滑雪板的形制后，他发现敦德布拉克岩画中的滑雪板形制最简单、尺寸最短，从而佐证了他之前提出的阿勒泰地区起源的观点。[2]

滑雪运动起源于阿尔泰山地区的论点也得到了部分国外研究者的支持。瑞士学者艾瑞克·本桑（Bengt Erik Beng Tssom）认为，冰雪运动起源于阿勒泰山的观点很明显比起源于北欧斯堪的那维亚地区的论点更具说服力，因为在阿尔泰地区滑雪岩画出现的年代，斯堪的那

---

[1] 单兆鉴、王博：《人类滑雪起源地——中国·新疆·阿勒泰》，北京：人民体育出版社，2011年，第46-63页。

[2] 单兆鉴、阿依肯·加山：《中国·阿勒泰国际古老滑雪文化论坛报告》，北京：光明日报出版社，2015年，第92-116页。

△ 图1-16　阿尔泰滑雪岩画（郭磊 摄影）

维亚一带尚被冰雪所覆盖，还没有人类居住。[1] 而瑞典学者卡琳·博格（Karin Berg）则援引瑞典著名探险家弗里德约夫·南森（Fridtjof Nansen）的观点，从语言学的角度论证了滑雪运动起源于阿尔泰山地区的论点。她认为，早在20世纪初期，南森就考证发现，通古斯语（Tungusic）与北欧的芬兰-乌戈尔语（Finnish-Vgric）在早期都称滑雪为"suks"；再结合芬兰-乌戈尔人和通古斯人都起源自阿尔泰山地区的理论，大致可以确定阿勒泰地区是人类滑雪运动的摇篮。[2]

如前所述，一支活跃于阿尔泰山一带的细石器文化人群曾于距今约9000年前迁徙到了北欧斯堪的纳维亚半岛东侧一带活动，并带去了起源于阿尔泰山地区的细石器文化。据此，可以说，包括滑雪活动在内的部分冰雪文化在远古时期也曾经历过从阿尔泰山地区到北欧等地的传播过程。综上所述，我们认为，就世界范围研究现状而言，在未发现新的考古证据之前，可以说阿勒泰地区是人类滑雪运动的重要起源地。

随着冰川缩小，阿尔泰山一带的古代居民再次进入西伯利亚的冰雪环境中活动。[3] 距今1.8万年前，新细石器文化已经出现在了萨彦岭附近的叶尼塞河流域，[4] 意味着阿尔泰山地区形成的冰雪狩猎文化已经进入了南西伯利亚腹地。在叶尼塞河盆地，北方的采集狩猎人群发明了新的雪地交通工具——雪橇，并驯化雪橇犬以狩猎驯鹿，这说明当时的人类已经能够在冰天雪地的西伯利亚实现长距离的迁徙和交通

---

[1] 单兆鉴、阿依肯·加山：《中国·阿勒泰国际古老滑雪文化论坛报告》，北京：光明日报出版社，2015年，第343-345页。

[2] 单兆鉴、阿依肯·加山：《中国·阿勒泰国际古老滑雪文化论坛报告》，北京：光明日报出版社，2015年，第89页。

[3] Jiri Chlachula, "Pleistocene climate change, natural environments and palaeolithic occupation of the upper Yenisei area, south-central Siberia", *Quaternary International*, 80-81 (2001): pp.101-130.

[4] Kelly E. Graf, "Hunter－gatherer dispersals in the mammoth-steppe: technological provisioning and land-use in the Enisei River valley, south-central Siberia", *Journal of Archaeological Science*, 37 (2010): pp. 210-223.

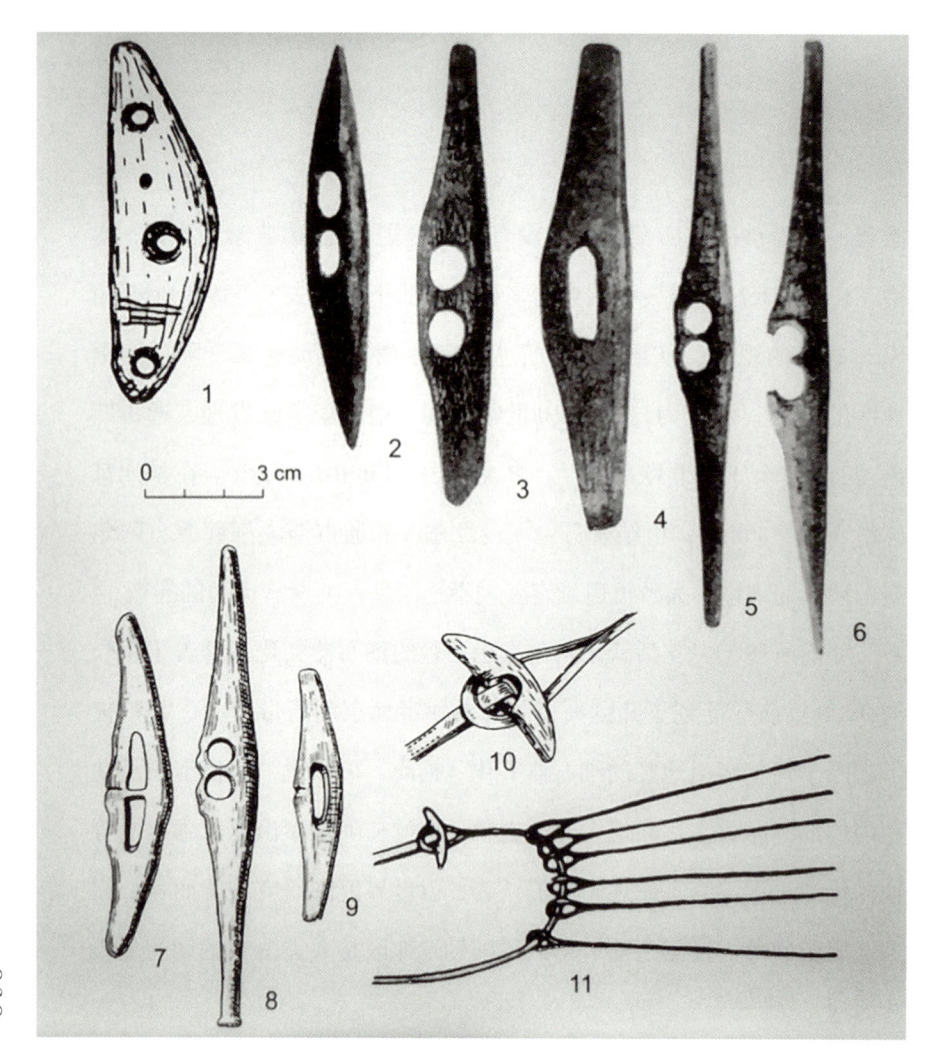

◁ 图1-17
叶尼塞河流域Afontova Gora遗址中的雪橇配件
[Vladimir V. Pitulko, Aleksey K. Kasparov, "Archaeological dogs from the Early Holocene Zhokhov site in the Eastern Siberian Arctic", *Journal of Archaeological Science: Reports*, 13（2017）：p.513]

运输。[1]

在北半球冰川消退的初期，黑海北岸也重新出现了古代人群，这些古代人群在俄罗斯南部平原发展出了丰富的季节性狩猎生计。从相关遗址文化的分析来看，他们很可能来自于高加索地区。[2]距今2万年到1.8万年间，冰川融化后的俄罗斯平原南部和邻近的乌拉尔山脉正变得日渐干燥，苔原在稳定的气候环境下发展，这一时期，一部分活跃于黑海北岸的人群开始由乌拉尔山脉向东进入了西西伯利亚地

1　Kelly E. Graf, "Hunter‐gatherer dispersals in the mammoth–steppe: technological provisioning and land–use in the Enisei River valley, south–central Siberia", *Journal of Archaeological Science*, 37 (2010): pp. 210–223; Vladimir V. Pitulko, Aleksey K. Kasparov, "Archaeological dogs from the Early Holocen Zhokhov site in the Eastern Siberian Arctic", *Journal of Archaeological Science: Reports*, 13 (2017): pp.491-515.

2　Natalia Leonova a, Sergey Nesmeyanov b, Ekaterina Vinogradova a, et al., "Upper Paleolithic subsistence practices in the southern Russian Plain: paleolandscapes and settlement system of Kamennaya Balka sites", *Quaternary International*, 355 (2015): pp.175-187.

区。[1]进入西西伯利亚活动的人群很快就沿着乌拉尔山脉扩散到了北冰洋沿岸，而西西伯利亚低地的大部分区域则是在距今1.9万—1.8万年之后有人类定居的。[2]进入西西伯利亚活动的古代人群，在冰雪环境中进一步创造了丰富的有利于古代人类生存的生活方式和文化形态。

距今约1.6万年前，随着西伯利亚气候变暖，森林扩展草地缩减，原本产生于阿尔泰草原环境的细石器在新的雪地环境中又发展出了多种新的变体。[3]在东北亚，北海道、库页岛和千岛群岛还是东西伯利亚大陆的一个半岛（古SHK半岛，即东北亚地区北海道、库页岛和千岛群岛连在一起的一个半岛，此为专称）。[4]北海道半岛的附近水域经常于冬季结冰，西北风带来的冷空气常于冬季造成持久的积雪。[5]该地区森林中的动植物和海里的水产为采集狩猎者提供了丰富的生存资源。[6]古北海道半岛的古代人群利用改进后的细石器在林间捕获鹿等中型野兽。[7]同一时期稍后，黑龙江流域、贝加尔地区以及北海道半岛出现了欧亚大陆北方最早的陶器。其中，北海道和阿穆尔河地区的采

---

[1] Yu.N. Gribchenko, E.I. Kurenkova, "The main stages and natural environmental setting of late Palaeolithic human settlement in Eastern Europe", *Quaternary International*, 41-42 (1997): pp.173-179.

[2] Jiri Chlachula, "Chronology and environments of the Pleistocene peopling of North Asia", *Archaeological Research in Asia*, 12 (2017): pp.33-53.

[3] Yoshiaki Otsuka, "The background of transitions in microblade industries in Hokkaido, northern Japan", *Quaternary International*, 442 (2017): pp.33-42.

[4] Hiroyuki Sato, Daigo Natsuki, "Human behavioral responses to environmental condition and the emergence of the world's oldest pottery in East and Northeast Asia: An overview", *Quaternary International*, 441 (2017): pp. 12-28.

[5] Harry K. Robson, Alexandre Lucquin, Kevin Gibbs, et al., "Walnuts, salmon and sika deer: Exploring the evolution and diversification of Jōmon 'culinary' traditions in prehistoric Hokkaidō", *Journal of Anthropological Archaeology*, 60 (2020): pp. 1-21.

[6] Harry K. Robson, Alexandre Lucquin, Kevin Gibbs, et al., "Walnuts, salmon and sika deer: Exploring the evolution and diversification of Jōmon 'culinary' traditions in prehistoric Hokkaidō", *Journal of Anthropological Archaeology*, 60 (2020): pp. 1-21; Hiroyuki Sato, Daigo Natsuki, "Human behavioral responses to environmental condition and the emergence of the world's oldest pottery in East and Northeast Asia: An overview", *Quaternary International*, 441 (2017): pp. 12-28.

[7] Junmei Sawada, Takashi Nara, Jun-ichi Fukui, "Histomorphological species identification of tiny bone fragments from a Paleolithic site in the Northern Japanese Archipelago", *Journal of Archaeological Science*, 46 (2014): pp. 270-280.

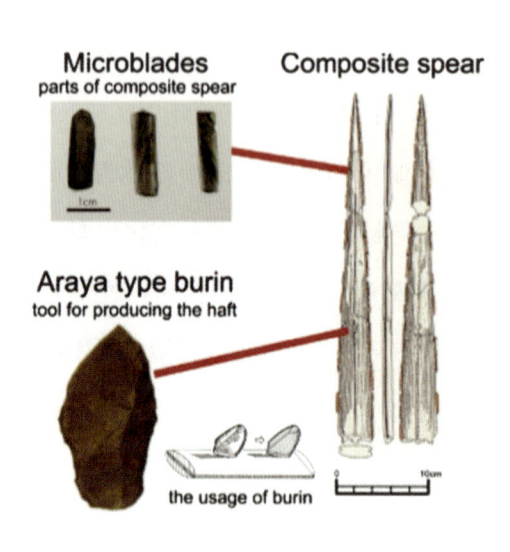

▲ 图 1-18
北海道旧石器时代石器
（https://commons.wikimedia.org/w/index.php?curid=65818581）

集狩猎者已经用陶器提取鱼油和烹饪海鲜。[1]

随着东北亚地区气温的上升，活跃于东北亚雅库特地区的一支古代人群将其狩猎活动扩展到了古代的白令区域，他们当中的一小部分人群后来经由白令大陆桥进入了北美洲的北极地区。[2] 同一时期，一部分古本州岛的绳文（Jomon）文化人群向北迁徙到了古北海道半岛地区，与操细石器文化的人群共同生活在该地。他们带来了新的陶器技术、利用植物资源的生存策略以及半地穴式的房屋。[3] 新仙女木时期，随着气候的变冷，具有定居传统的绳文文化人群最终因不能适应当地环境而退回到了古本州岛，而操细石器的采集狩猎人群则以其流动的生活方式适应了寒冷的气候环境。[4] 虽然绳文文化人群没能在更新世晚期持续生活在北海道地区，但他们留下来的半地穴式房屋却被北方

1　Hiroyuki Sato, Daigo Natsuki, "Human behavioral responses to environmental condition and the emergence of the world's oldest pottery in East and Northeast Asia: An overview", *Quaternary International*, 441 (2017): pp. 12-28.

2　Vladimir Shumkin, "Initial colonization of the Arctic zone", *Comptes Rendus Palevol*, 5 (2006): pp.319–322.

3　Andrzej W. Weber, Peter Jordan, Hirofumi Kato, "Environmental change and cultural dynamics of Holocene hunteregatherers in Northeast Asia: Comparative analyses and research potentials in Cis-Baikal (Siberia, Russia) and Hokkaido (Japan)", *Quaternary International*, 290-291 (2013): pp. 3-20.

4　Daigo Natsuki, "Migration and adaptation of Jomon people during Pleistocene/Holocene transition period in Hokkaido, Japan Daigo", *Quaternary International*, https://doi.org/10.1016/j.quaint.2021.01.009.

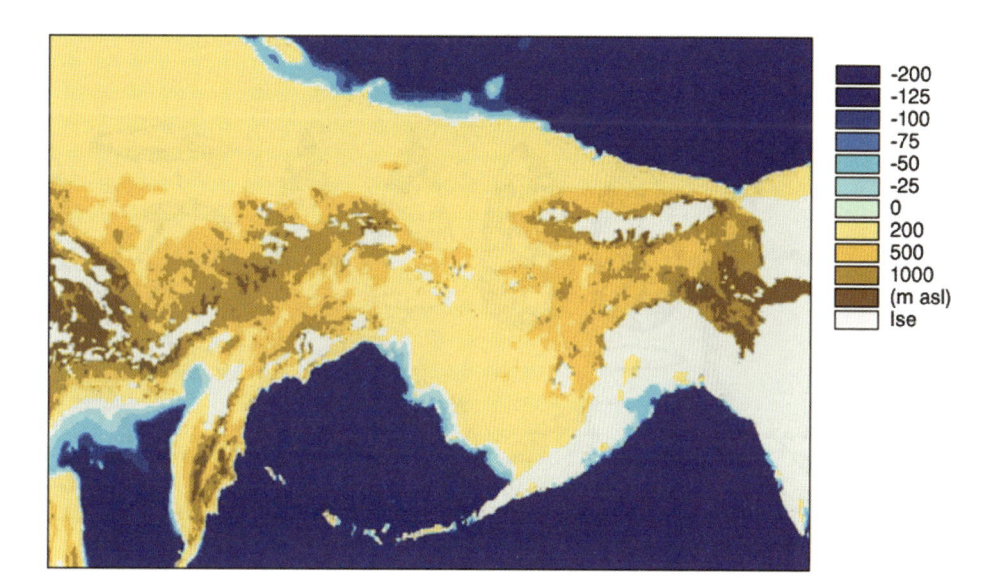

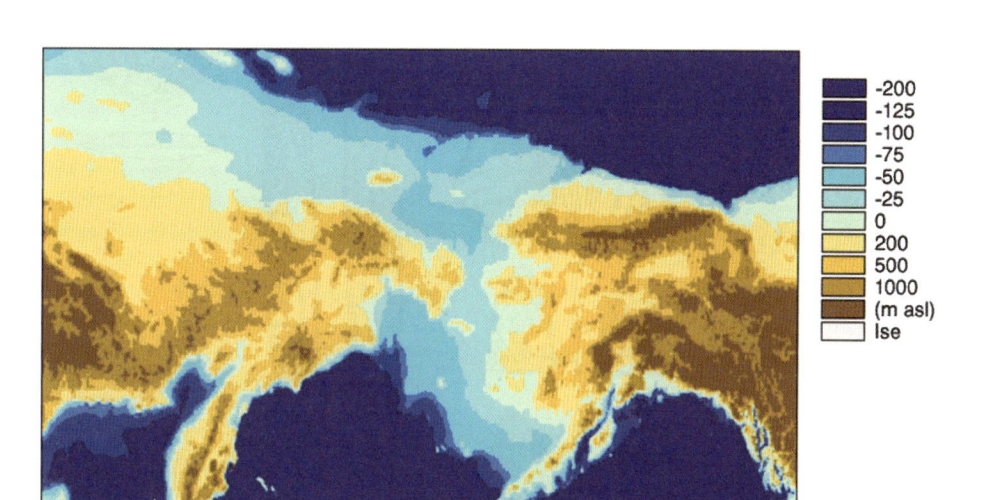

△ 图 1-19 2万年前的白令大陆桥（上）与今日的白令海峡（下）

（U.S. National Oceanic and Atmospheric Administration）

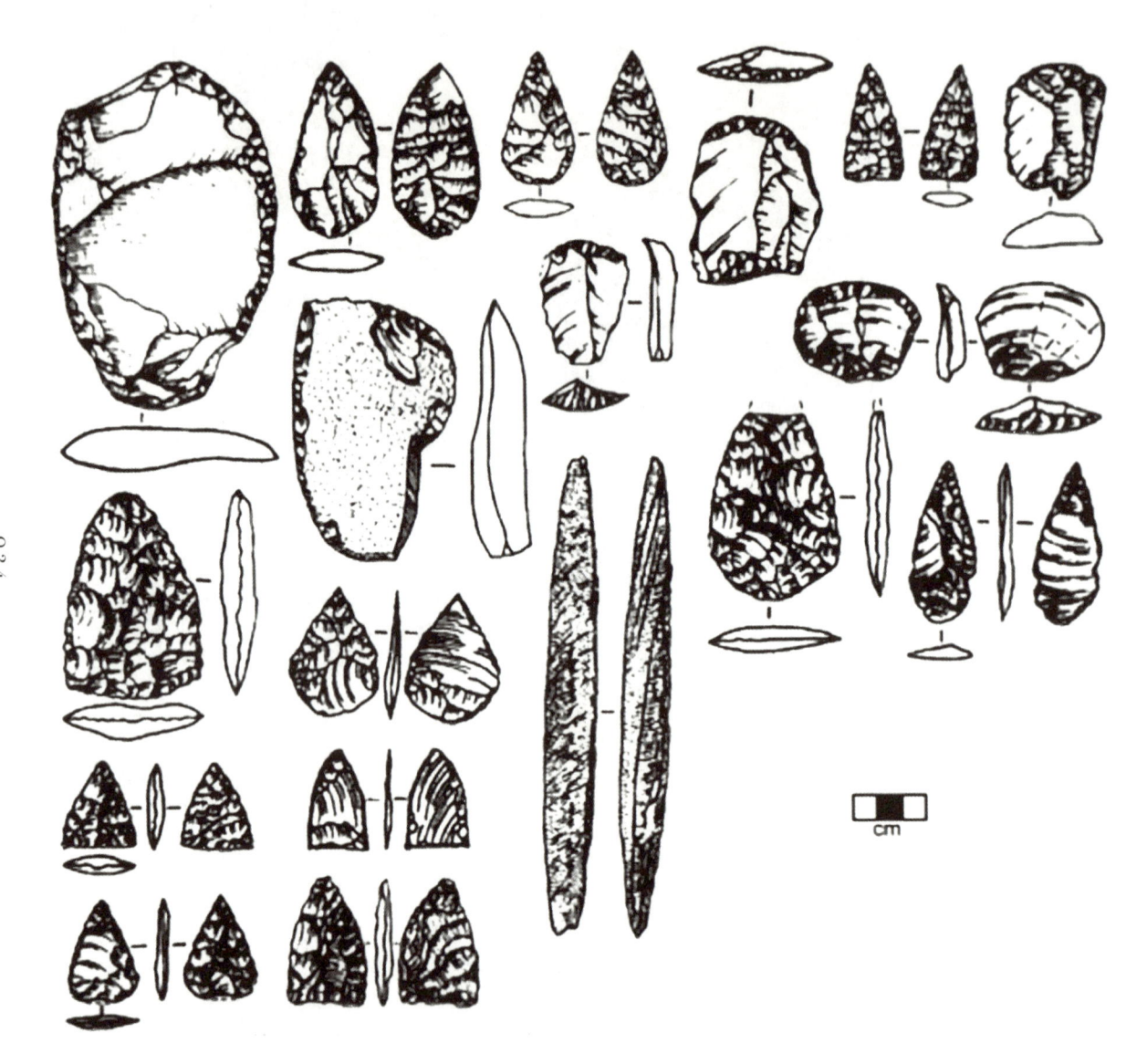

▲ 图 1-20 北美阿拉斯加的细石器

[Brian T. Wygal, "The peopling of eastern Beringia and its archaeological complexities", *Quaternary International*, 466 (2018): p. 286.]

△ 图 1-21 阿拉斯加西海岸出现的 4000 年前的亚洲铜器
[H. Kory Cooper, Owen K. Mason, Victor Mair, et al. "Evidence of Eurasian metal alloys on the Alaskan coast in prehistory", Journal of Archaeological Science 74, (2016) : p.178]

的采集狩猎人群所采用，[1]构成了东北亚采集狩猎人群冰雪文化的一部分。在遥远的史前时代，跨越东北亚和北美洲阿拉斯加地区之间的黑曜石和早期金属文化的分布证明，西伯利亚与美洲之间曾存在密切往来，[2]人类在亚洲创制的冰雪文化很有可能随着人群迁徙和文化交流而传播到了北美洲的极地附近地区。

阿尔泰山脉一带活动的古代人群体，与亚洲中部各地区之间有着频繁的文化交流活动。一种流传于阿尔泰山地区的骨雕装饰物，在全新世早期频繁出现在天山中西部地区和费尔干纳盆地的考古遗址中。[3]而且，在天山地区和帕米尔高原北部的同时代考古遗址之间，还出现

---

[1] Harry K. Robson, Alexandre Lucquin, Kevin Gibbs, et al., "Walnuts, salmon and sika deer: Exploring the evolution and diversification of Jōmon 'culinary' traditions in prehistoric Hokkaidō", *Journal of Anthropological Archaeology*, 60 (2020): pp. 1-21.

[2] Yaroslav V. Kuzmin, Anatoly N. Alekseyev, Viktor M. Dyakonov, et al., "Determination of the source for prehistoric obsidian artifacts from the lower reaches of Kolyma River, Northeastern Siberia, Russia, and its wider implications", *Quaternary International*, 476 (2018): pp.95-101; H.Kory Cooper, Owen K. Mason, Victor Mair, et al., "Evidence of Eurasian metal alloys on the Alaskan coast in prehistory", *Journal of Archaeological Science*, 74 (2016): pp.176-183.

[3] Alexander Yu. Fedorchenko, William T. T. Taylor, Nuriddin N. Sayfulloev, et al., "Early occupation of High Asia: New insights from the ornaments of the Oshhona site in the Pamir mountains", *Quaternary International*, 559 (2020): pp.174-187.

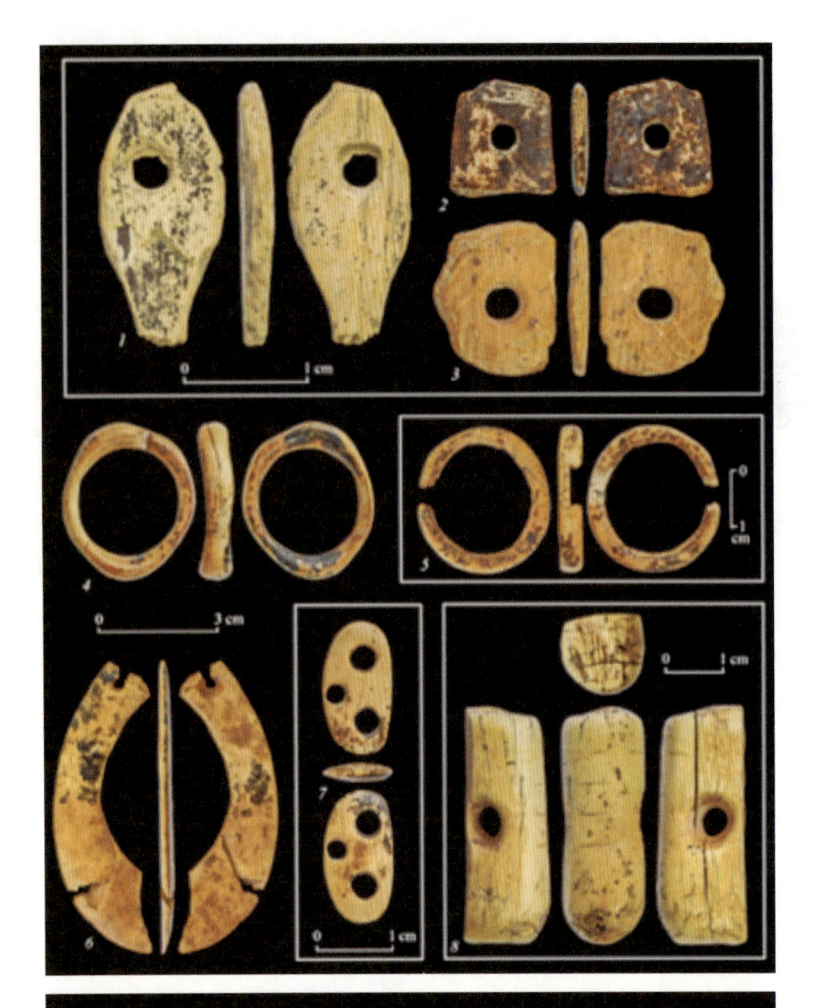

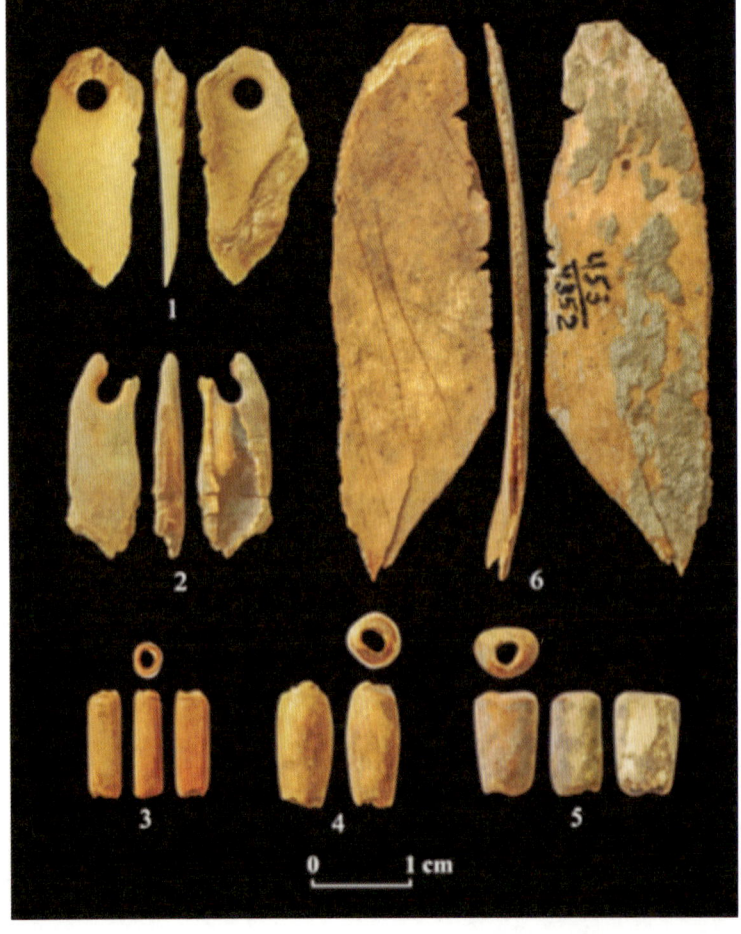

◀ 图1-22

阿尔泰山骨雕装饰物（上）与帕米尔高原地区骨雕装饰物（下）的对比

[Alexander Yu. Fedorchenko, William T.T. Taylor, Nuriddin N. Sayfulloev, et al., "Early occupation of High Asia: New insights from the ornaments of the Oshhona site in the Pamir mountains", *Quaternary International*, 559（2020）: p.176; Michael V. Shunkov, Alexander Yu. Fedorchenko, et al., "Initial Upper Palaeolithic ornaments and formal bone tools from the East Chamber of Denisova Cave in the Russian Altai", *Quaternary International*, 559（2020）: p.55.]

了文化风格相似的细石器遗址。[1]这些文化遗址所展示的传播过程，见证了阿尔泰古代文化向天山地区的扩展。由于当时中亚南部地区已经沙漠广布且亚洲人类尚不具备在沙漠中常年生活的文化适应性，[2]所以更新世晚期到全新世早期，天山地区的文化传播现象很有可能是阿尔泰人向天山地区迁徙的结果。有的考古学家倾向于认为全新世早期人类占据该地区的迅猛趋势可能与牲畜的驯化有很大的关系。[3]

与欧洲的情形相似，亚洲的古代人类也是在全新世早期才大规模进入高海拔地区活动的。晚冰期早期，天山山脉及其周边的生态环境整体比较干旱，很有可能限制了人类活动的展开。[4]目前，除阿尔泰山脉和哈萨克丘陵北部边缘外，中亚地区最早发现的末次冰川后人类活动遗址都出现在更新世向全新世转变的时期。[5]而青藏高原的高海拔地区，在距今约1.2万年前才开始出现早期人类的季节性居住，对青藏高原高海拔地区的大规模定居则发生在距今约9500年前的全新世温暖气候条件下。[6]总之，最晚在距今约1万年前的全新世早期，人类已

1　Eugenia Osipova, "Palaeoenvironmental conditions of the Palaeolithic–Neolithic transition in the Fergana Valley (Central Asia) – New data inferred from fossil molluscs in Obishir–V rockshelter (Kyrgyzstan)", *Quaternary International*, https://doi.org/10.1016/j.quaint.2020.11.009.

2　Robin Dennell, "Hominins, deserts, and the colonisation and settlement of continental Asia", *Quaternary International*, 300 (2013): pp.13-21.

3　Eugenia Osipova, "Palaeoenvironmental conditions of the Palaeolithic–Neolithic transition in the Fergana Valley (Central Asia) – New data inferred from fossil molluscs in Obishir–V rockshelter (Kyrgyzstan)", *Quaternary International*, https://doi.org/10.1016/j.quaint.2020.11.009.

4　Xiaojian Zhang, Jiarui Li, Meng Gao, et al., "Simulated precipitation changes in Central Asia since the Last Glacial Maximum", *Quaternary International*, 490 (2018): pp.82–97; X. Z. Huang, F. H.Chen, Y. X. Fan, M. L. Yang, "Dry late glacial and early Holocene climate in arid central Asian indicated by lithological and palynological evidence from Bosten Lake, China", *Quaternary International*, 194 (2009): pp.19-27; Kathryn E. Fitzsimmons, Radu Iovita, Tobias Sprafke, et al., "A chronological framework connecting the early Upper Palaeolithic across the Central Asian piedmont", *Journal of Human Evolution*, 113 (2017): pp. 107-126.

5　Kathryn E. Fitzsimmons, Radu Iovita, Tobias Sprafke, et al., "A chronological framework connecting the early Upper Palaeolithic across the Central Asian piedmont", *Journal of Human Evolution*, 113 (2017): pp. 107-126.

6　David B. Madsena, Charles Perreault, David Rhodec, Yongjuan Sund, Mingjie Yie, Katherine Brunsonf, P. Je ffrey Brantinghamg, "Early foraging settlement of the Tibetan Plateau highlands", *Archaeological Research in Asia*, 11 (2017): pp. 15–26.

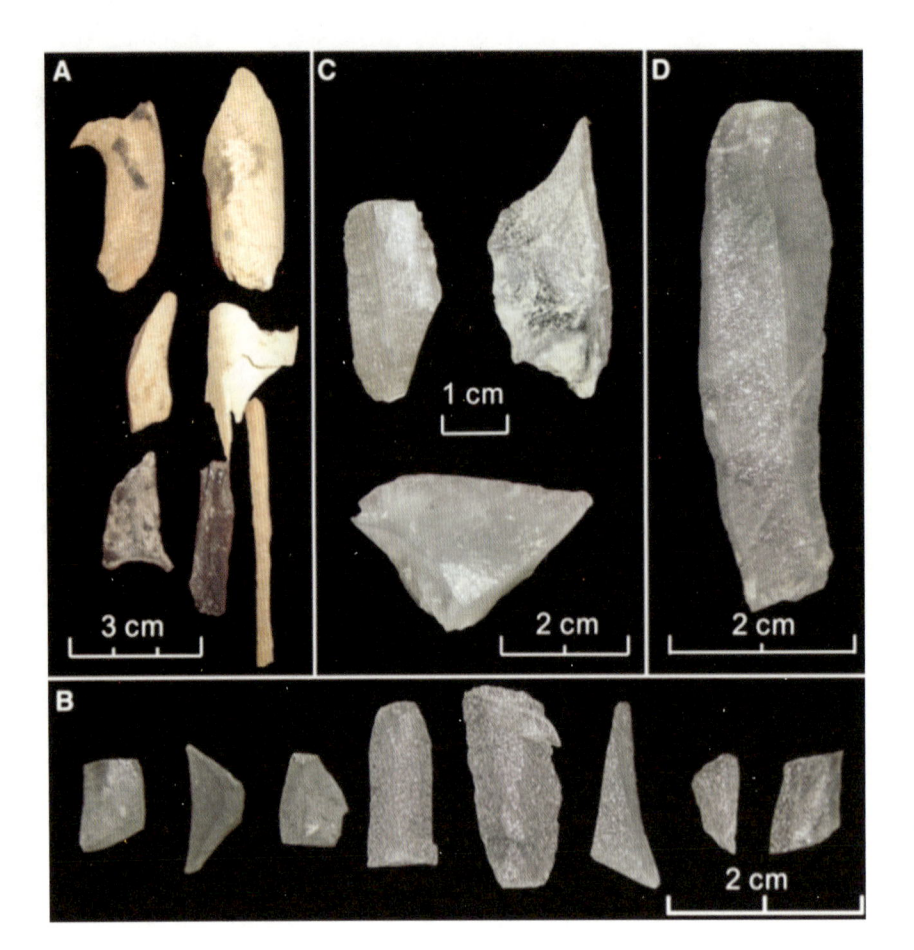

◀ 图1-23
羊场遗址细石器
[Wenxia Han, David Madsene, Shengli Yang, et al., "The earliest well-dated archeological site in the hyper-arid Tarim Basin and its implications for prehistoric human migration and climatic change", *Quaternary Research*, 82 (2014): p.69]

经可以在北半球高纬度和高海拔地区的冰雪环境中持续生存活动了。古代人类丰富多彩的冰雪文化也在这些地方逐渐积累和发展起来。

进入天山地区活动的一部分人群随后由吉萨尔岭等地进入了海拔4000米以上的帕米尔高原腹地活动，创造了马尔堪苏（Markansu）文化，帕米尔高原东北部喀拉库勒湖畔的Obishir-V遗址（距今9580—7145年）见证了这些雪域高原的人类活动。[1]大致与此同时，南亚北部使用鹅卵石旧石器（cobble-based paleoliths）的狩猎人群也由印度河上游等地迁徙到了帕米尔南部的阿尔楚尔河谷和穆尔加布河谷一带活动。[2]有学者甚至认为这些使用北亚细石器的人群和鹅卵石旧石器的人群最终进入了青藏高原的西北部，成了青藏高原的古代人类来

---

1 Anne Dambricourt Malassé, Claire Gaillard, "Relations between climatic changes and prehistoric human migrations during Holocene between Gissar Range, Pamir, Hindu Kush and Kashmir: The archaeological and ecological data", *Quaternary International,* 229 (2011): pp.123-131.

2 Anne Dambricourt Malassé, Claire Gaillard, "Relations between climatic changes and prehistoric human migrations during Holocene between Gissar Range, Pamir, Hindu Kush and Kashmir: The archaeological and ecological data", *Quaternary International,* 229 (2011): pp.123-131.

源之一。[1]在西昆仑山脉北麓的克里雅河流域距今7600—7000年的羊场遗址中发现的细石器等适合雪地生活的文化事物，与青藏高原西北部羌塘地区细石器文化有很大关联。[2]这说明，在阿尔泰山脉一带冰雪文化的影响下，史前时期的天山-帕米尔-昆仑山脉等雪域高原与周边的低地间已经形成了某种共享的冰雪文化。

全新世欧亚大陆北部

阿尔泰山区的生态环境在经历了晚冰期的进一步发展后，形成了接近于现代的生态环境。[3]阿尔泰山脉自然垂直带谱，从山麓地带的温带荒漠草原带往上依次是寒温带草原带、寒温带草甸带、寒温带针叶林带、高山寒冷草甸带、苔藓地衣带以及冰川覆盖区等自然地带。[4]这些垂直自然带谱显示的生态环境，与从中亚至北冰洋地区不同纬度生态环境形成了对应关系。因此说，阿尔泰山脉的地理生态环境相当于北部欧亚大陆地理生态环境的集大成。这种独特的自然环境，为阿尔泰山地区的早期人类提供了适应周边不同生态环境的有利条件，起源于阿尔泰山地区的冰雪文化也因此得以向欧亚大陆北部其他区域传播发展。

进入全新世以来，古代人类利用阿尔泰山丰富的垂直生态带谱发

---

[1] David Rhode, "A biogeographic perspective on early human colonization of the Tibetan Plateau", *Archaeological Research in Asia*, 5 (2016): pp. 33-43.

[2] Wen Xia Han, David Madsene, Shengli Yang, et al., "The earliest well-dated archeological site in the hyper-arid Tarim Basin and its implications for prehistoric human migration and climatic change", *Quaternary Research*, 82 (2014): pp.66–72.

[3] Martin Hais, Klára Komprdová, Nikolai Ermakov, et al., "Modelling the Last Glacial Maximum environments for a refugium of Pleistocene biota in the Russian Altai Mountains, Siberia", *Palaeogeography, Palaeoclimatology, Palaeoecology*, 438 (2015): pp. 135–145; Jiri Chlachula, "Chronology and environments of the Pleistocene peopling of North Asia", *Archaeological Research in Asia*, 12 (2017): pp.33-53.

[4] 袁国映：《阿尔泰山西部地区的垂直自然带》，《地理学报》1986年第1期。

△ 图1-24 阿尔泰畜牧业岩画
（Ayan 摄影，https://commons.wikimedia.org/w/index.php?curid=48999921）

明了丰富多样的生计方式。考古遗物中的绵羊骨和岩画中的畜牧业生产场景表明，阿尔泰山地区在1万年前就已经出现了畜牧业。[1]这些岩画大多发现于避风少雪的冬牧场附近，说明当时古代的先民们已经掌握了在冬季冰雪环境中发展畜牧业的生存技术。阿尔泰山脉的河谷地带，气候温暖、土壤肥沃，冰雪融水带来了丰富的水资源，具有农业生产的潜在条件。距今约8000年前的较湿润时期，西亚的小麦种植农业传播到了中亚西南部的科佩特山脉北麓地区，并至少于距今约5000年前传播到了阿尔泰山一带。[2]可以说，至少到新石器时期，阿尔泰山一带的古代人群就已经适应了阿尔泰地区的冰雪环境，发展出了丰富多彩的农牧业文化和冰雪文化。

距今7000年前的中全新世，北半球多地进入了湿润期。阿尔泰

---

[1] ［苏］吉谢列夫：《南西伯利亚古代史》，王博译，乌鲁木齐：新疆社会科学院民族研究所，1981年，第28页；李毅峰：《西域美术全集1岩画卷》，天津：天津人民美术出版社，2016年，第4-5页。

[2] Mumtaz A. Yatoo, Michael Spate, Alison Betts, "New evidence from the Kashmir Valley indicates the adoption of East and West Asian crops in the western Himalayas by 4400 years ago", *Quaternary Science Advances*, 2 (2020): pp.1-6; 于建军：《2016-2017年新疆吉木乃县通天洞遗址考古发掘新发现》，《西域研究》2018年第1期。

山一带区域降水增加，形成了温暖湿润的环境。[1] 此时的帕米尔和昆仑山地区，受冬季降水增加和高山冰川扩展的影响，中亚最后一批高原采集狩猎文化于7000年前最终消失。[2] 与阿尔泰山相邻的天山地区、西伯利亚和蒙古高原，此时因为气候湿润的缘故，针叶林得到了迅速的扩展。[3] 而贝加尔湖周边冬季大量的降雪，也影响了当地采集狩猎人群的生计活动，并导致贝加尔湖地区的考古序列中断了600年之久。随后，西伯利亚古代人群改进了弓箭等技术，创造出集体捕鱼、个体流动狩猎等多种雪地生存策略以及灵活的社会组织以适应新的冰雪环境。[4] 此时的蒙古高原，人类活动并不明显，仅有西伯利亚的采集狩猎者偶尔进入蒙古高原的北部和东北部边缘活动。[5] 而与蒙古高原相邻的大兴安岭南部等地，则因气候比较湿润，出现了红山文化等史前农业

---

[1] 黄小忠、彭卫、陈发虎等：《阿尔泰地区全新世植被和气候变化》，中国古生物学会第十二次全国会员代表大会暨第29届学术年会论文摘要集，2018年9月，第186页。

[2] Anne Dambricourt Malassé, Claire Gaillard, "Relations between climatic changes and prehistoric human migrations during Holocene between Gissar Range, Pamir, Hindu Kush and Kashmir: The archaeological and ecological data", *Quaternary International*, 229 (2011), pp.123-131.

[3] Yunpeng Yang, Zhaodong Fenga, Dongliang Zhang, et al., "Invited research papers Holocene hydroclimate variations in the eastern Tianshan Mountains of northwestern China inferred from a palynological study", *Palaeogeography, Palaeoclimatology, Palaeoecology*, 564 (2021), pp.1-11; Georg Miehe, Frank Schlütz, Sabine Miehe, et al., "Mountain forest islands and Holocene environmental changes in Central Asia: A case study from the southern Gobi Altay, Mongolia", *Palaeogeography, Palaeoclimatology, Palaeoecology*, 250 (2007), pp. 150–166.

[4] Franziska Kobe, Elena V. Bezrukova, Christian Leipe, et al., "Holocene vegetation and climate history in Baikal Siberia reconstructed from pollen records and its implications for archaeology", *Archaeological Research in Asia*, 23 (2020), pp.1-12; Andrzej W. Weber, Peter Jordan, Hirofumi Kato, "Environmental change and cultural dynamics of Holocene hunteregatherers in Northeast Asia: Comparative analyses and research potentials in Cis-Baikal (Siberia, Russia) and Hokkaido (Japan)", *Quaternary International*, 290-291 (2013), pp. 3-20; Andrzej W. Webera, "Middle Holocene hunter–gatherers of Cis-Baikal, Eastern Siberia: Combined impacts of the boreal forest, bow-and-arrow, and fishing", *Archaeological Research in Asia*, 24 (2020), pp. 1-19.

[5] Frank Lehmkuhl, Daniela Hülle, Martin Knippertz, et al., "Holocene geomorphic processes and landscape evolution in the lower reaches of the Orkhon River (northern Mongolia)", *Catena*, 98 (2012), pp. 17–28; V.B. Bazarova, N.V. Tsydenova, M.S. Lyaschevskaya, et al., "Reconstruction of paleoenvironmental conditions of ancient people habitation in the Togootyn Gol River valley (Eastern Mongolia)", *Quaternary International*, 503 (2019), pp. 105–114.

人群的活动遗址。[1]

  距今 5000 年到 4000 年前，随着北极海冰的再次扩展，北半球各地重新出现了干旱化趋势。[2] 同时期，整个环北大西洋地区的大气环流开始往南移动；其中，中纬度西风带的南移带来了中亚地区明显的生态环境变化。[3] 原本比较温暖湿润的欧亚大陆草原地带，此时逐渐形成

△ 图 1-25

干旱内陆草原景观

（王卫东 摄影）

---

[1] Mayke Wagner, Pavel Tarasov, Dominic Hosner, et al., "Mapping of the spatial and temporal distribution of archaeological sites of northern China during the Neolithic and Bronze Age", *Quaternary International*, 290-291 (2013): pp.344-357; Licheng Guo, Shangfa Xiong, Zhongli Ding, et al., "Role of the mid-Holocene environmental transition in the decline of late Neolithic cultures in the deserts of NE China", *Quaternary Science Reviews*, 190 (2018): pp. 98-113.

[2] Licheng Guo, Shangfa Xiong, Zhongli Ding, et al., "Role of the mid–Holocene environmental transition in the decline of late Neolithic cultures in the deserts of NE China", *Quaternary Science Reviews*, 190 (2018): pp. 98-113.

[3] 蓝江湖、徐海、郁科科等：《中亚东部晚全新世水文气候变化及可能成因》，《中国科学：地球科学》2019 年第 8 期，第 1278–1282 页。

了干旱的内陆草原景观；而随着西风带的南移，天山地区变得更加温暖湿润。[1]这一系列变化又一次导致了阿尔泰山古代居民生计方式的变革以及阿尔泰山地区人口向周边地区的流动。

随着干旱寒冷的草原生态环境的形成，一种游牧生计方式取代定居畜牧生计，在包括阿尔泰山在内的欧亚草原地带悄然兴起。阿尔泰山的部分古代人群发展出了随水草（由季节性积雪变动引起的）变动而转场的山地游牧生计方式。随着邻近的蒙古高原植被的草原化，阿尔泰地区的古代游牧人群于距今5000年左右进入蒙古高原西部的山地牧场活动。[2]此后，阿尔泰山南麓的额尔齐斯河沿岸又发展出了发达的游牧青铜文化——切木尔切克（Chemurchek）文化。公元前1700年前后，切木尔切克文化人群控制着今哈萨克斯坦、蒙古西部以及阿尔泰山区在内的广大地区。[3]随着阿尔泰山游牧人群的游牧迁徙，他们把阿尔泰山地区形成的游牧型冰雪文化带到了更广阔的草原地区。

随着阿尔泰山地区生态环境寒旱化过程的发展，畜牧业和农业的条件变得每况愈下，原本在阿尔泰山地区发展畜牧业和农业的一部分人群逐渐南迁至更适合农业和畜牧业发展的天山地区。[4]同一时期，活动在黄土高原西部的一部分以谷物种植农业为主要生计的农业人群也迁徙到了青藏高原的东北区域以及祁连山北麓的河西走廊一带。[5]哈密等地发现的天山北路文化即见证了这两种农业文化在东天山一带的交

---

1 安成邦、王伟、刘依等：《新疆全新世环境变迁与史前文化交流》，《中国科学：地球科学》2020年第5期。

2 Michael Klinge, Daniela Sauer, "Spatial pattern of Late Glacial and Holocene climatic and environmental development in Western Mongolia – A critical review and synthesis", *Quaternary Science Reviews*, 210 (2019): pp.26-50.

3 А. А. 科瓦利夫、Д. 额尔德涅巴特尔：《蒙古青铜时代文化的新发现》，邵会秋、潘玲译，《边疆考古研究》2009年第8期。

4 安成邦、张曼、王伟等：《新疆地理环境特征以及农牧格局的形成》，《中国科学：地球科学》2020年第2期。

5 Guanghui Dong, Lin Wang, Yifu Cui, Robert Elston, Fahu Chen, "The spatiotemporal pattern of the Majiayao cultural evolution and its relation to climate change and variety of subsistence strategy during late Neolithic period in Gansu and Qinghai Provinces, northwest China", *Quaternary International*, 316 (2013): pp. 155-161.

▲ 图1-26　切木尔切克石人（王铁男 摄影）

融，[1] 而在东天山托克逊县发现的距今约3500年的科普加衣水利岩画[2]则见证了这两种文化交融后，天山地区所形成的利用冰雪融水进行农田灌溉的农业冰雪文化样貌。塔里木盆地东部的罗布泊等地形成了以水域为活动中心的渔猎农耕文化，从对人种和农作物品种的分析来看，这种文化与天山地区和阿尔泰山地区的农牧业文化有密切关系。[3] 至此，一种依赖冰雪融水的绿洲农耕文化出现在了塔里木盆地。而在塔里木盆地南缘，从事绿洲农业生产的古代人群经常于气候干旱的时期进入昆仑山北坡和青藏高原北部的羌塘地区从事牧业活动。[4] 在青藏高原和塔里木盆地间的人群流动中，一部分塔里木盆地的物种也传播

1　A. Betts, P. Jiaa, I. Abuduresule, et al., "A new hypothesis for early Bronze Age cultural diversity in Xinjiang, China", *Archaeological Research in Asia*, 17 (2019), pp. 204–213.

2　李毅峰：《西与美术全集1·岩画卷》，天津：天津人民美术出版社，2016年，第27–28页。

3　A. Betts, P. Jiaa, I. Abuduresule, et al., "A new hypothesis for early Bronze Age cultural diversity in Xinjiang, China", *Archaeological Research in Asia*, 17 (2019), pp. 204–213.

4　Zihua Tang, Dongmei Chen, Xinhua Wu, et al., "Redistribution of prehistoric Tarim people in response to climate change", *Quaternary International*, 308-309 (2013), pp. 36-41.

△ 图 1-27　科普加衣水利岩画

［马彩红参考《西域美术全集 1·岩画卷》（李毅峰，天津：天津人民美术出版社，2016 年，第 28 页）绘制］

到了高原的冰雪环境中。[1]

　　总之，末次冰盛期以后，古代人类群体在阿尔泰山脉及其周边寒冷地区活动，逐步适应了当地的冰雪生态环境。他们创制出丰富多彩的寒旱地区生活习俗和文化形态，使该地区成为古代早期冰雪文化的发源地之一。阿尔泰古代人群与生活在天山、昆仑山、祁连山、大兴安岭以及东亚北部其他高纬度高海拔地区的古代人群的互动交流，促进了阿尔泰山地区与东北亚、中亚地区古代地缘文明的联动。冰雪文化在阿尔泰山地区形成后，随古代人类群体的迁徙移动而被带到了新的居住地，并结合那些地方的生态环境以及当地居民已有的生态环境知识，发展出了古代北方代表性的冰雪文化景观。

1　Li Tang, Hongliang Lua, Jixiang Song, et al., "The transition to a barley-dominant cultivation system in Tibet: First millennium BC archaeobotanical evidence from Bangga", *Journal of Anthropologica Archaeology*, 61 (2021), pp.1-11.

第二章
采集狩猎与冰雪文化

森林冰雪环境

北冰洋南岸西伯利亚地区的冰原地带和苔原地带生长有地衣、苔藓等植被和北极狐之类的啮齿类动物与驯鹿，这些地区秋季即开始降雪，形成冰天雪地的自然环境，[1] 古代，放牧驯鹿的涅涅兹人（Nenets）和以采集狩猎为生的因纽特人（Znuit）等人群在这些地方活动。紧接着苔原带的是从北极圈一直往南扩展到蒙古高原和哈萨克丘陵的北部边缘的泰加森林地带。北方泰加森林地带植被茂密，沼泽广布。森林中活跃着大量以采食树木果实为生的松鼠、豹鼠等啮齿类动物以及以这些动物为食的貂、狐狸、獾、猞猁、狼等肉食类动物。[2] 南西伯利亚山地的泰加森林地带是整个西伯利亚地区动植物种类最为丰富的区域，那里不仅有北方泰加森林的动植物种类，而且还有从蒙古高原中

[1]［苏］米哈伊洛夫：《西伯利亚自然地理概述》，周坚操译，北京：商务印书馆，1958年，第91页。

[2]［苏］米哈伊洛夫：《西伯利亚自然地理概述》，周坚操译，北京：商务印书馆，1958年，第169–170页。

△ 图 2-1　泰加森林雪景（王铁男 摄影）

北部地区迁徙到此的沙燕麦、针茅等植物品种以及蒙古野兔、黄羊、土拨鼠和达乌尔蹄兔等动物。[1]

由于海拔较高的原因，南西伯利亚山地的雪层能与北冰洋南岸苔原地带的雪层达到同等规模，部分地区雪层厚度可以达到30—70厘米；雪层覆盖时间长达150天以上，山脉北坡有些雪层甚至终年不消。[2] 该地区的山间盆地气候温暖湿润，水源充足，是西伯利亚古代文化的重要发源地，也是整个西伯利亚地区古代人群活动最为频繁的地区。在寒冷的冰雪环境中，单一生计手段很难维持人类生存，因此，西伯利亚地区早在石器时代就已经出现了以采集狩猎为主的复合生计的迹象。[3] 进入历史时期以来，南西伯利亚地区形成了更多样化的混合生计组合。古代采集狩猎人群与冰雪环境形成了良好的互动关系，同时也在互动中形成了丰富的人类雪地生存经验和冰雪文化。

叶尼塞河上游地区每年冰雪覆盖的时间长达六个月，《旧唐书》称其地夏沮洳，冬积雪。[4] 当地冰雪每年公历4月前后开始消融，[5] 平原地区会形成难以逾越的沼泽。因此，古代在此居住的黠戛斯人（Kyrgyz）通常居住在靠近山坡的地方。[6] 这个季节，也有人在冰雪融水汇集成的沼泽中从事捕鱼，渔猎一种叫作"薉"的鱼。[7] 每年农历三至九月期间，该地区盆地地带没有冰雪覆盖，古代黠戛斯等人群便利用近六个月的暖季发展农业，种植穄子、大麦、小麦、青稞等作物，但他们的大部

---

1 ［苏］米哈伊洛夫：《西伯利亚自然地理概述》，周坚操译，北京：商务印书馆，1958年，第209-210、230页。

2 ［苏］米哈伊洛夫：《西伯利亚自然地理概述》，周坚操译，北京：商务印书馆，1958年，第91页。

3 ［苏］吉谢列夫：《南西伯利亚古代史》，王博译，乌鲁木齐：新疆社会科学院民族研究所，1981年，第6、11页。

4 （宋）欧阳修、宋祁：《新唐书》卷二百一十七《回鹘下》，北京：中华书局，1975年，第6147-6149页。

5 ［苏］米哈伊洛夫：《西伯利亚自然地理概述》，周坚操译，北京：商务印书馆，1958年，第91页。

6 （唐）杜佑：《通典》卷二百《边防十六·结骨》，长沙：岳麓书社，1995年，第2854页。

7 （宋）欧阳修、宋祁：《新唐书》卷二百一十七《回鹘下》，北京：中华书局，1975年，第6147-6149页。

△ 图 2-2　阿尔泰岩画中的混合生计（王铁男　摄影）

分成员还是利用森林和草地等植被进行游牧和狩猎活动。[1]

叶尼塞河东西两侧的萨彦岭海拔较高，冬季天气更加寒冷，生活在那里的古代人群，生计方式远不及叶尼塞黠戛斯人复杂。西萨彦岭及其以西的西西伯利亚东南部地区曾生活着基马克（Kimak，驳马）人，他们夏天住在山上放牧牲畜，并且种植少量庄稼。[2]那里冬季雪层非常厚，即使非常高大的树木也仅有一小部分不被积雪所掩埋。即便如此，基马克人仍然于冬季在雪地猎取动物。[3]毗邻黠戛斯人居住区域的东方是东萨彦岭和蒙古高原北部的诸山，那里生活的都播等古代人群既没有牲畜也不知稼穑，夏季靠挖掘百合的根茎和捕捉鸟类及野兽

---

1 （宋）欧阳修、宋祁：《新唐书》卷二百一十七《回鹘下》，北京：中华书局，1975年，第6147–6149页。

2 （唐）杜佑：《通典》卷二百《边防十六·驳马》，长沙：岳麓书社，1995年，第2854页。

3 阿拉伯文马卫集《动物之自然属性》，薛宗正辑注：《突厥稀见史料辑成正史外突厥文献集萃》，乌鲁木齐：新疆人民出版社，2005年，第543页。

△ 图2-3 阿尔泰山区（俄罗斯）巴泽雷克2号墓出土干尸之鱼形刺青
［马彩红参考 Frozen Tombs Of Siberia（Sergei I. Rudenko, Berkeley and Los Angeles: University of California Press. 1970, p. 247）绘制］

充食，也靠渔猎活动获得一些食物，冬季则在冰上狩猎野兽。[1]

东萨彦岭以东是贝加尔湖沿岸地区。贝加尔盆地及蒙古高原北部区域冬季降雪不均。这一带的平原地区较温暖，靠近山脉的地方较寒冷，山脉的北侧有较厚的雪层，但是山的南侧雪层并不很厚。[2] 该地区河湖等水域面积广阔，冬季冰层广布，活跃于贝加尔湖一带的"牛蹄突厥"和"丁零"等部落常于冰上捕猎动物。[3] 蒙古高原北部的森林草原地带曾生活过拔野古、拔悉弥等古代人群。拔野古人主要居住在平地，除从事畜牧业和少量的农业外，主要以射猎为业，冬季在冰上猎取野鹿等动物。[4] 拔悉弥居住在山脉地带，他们随着山区的四季变化过着游猎生活，冬季在雪层上滑雪打猎。[5]

贝加尔湖以东的区域是斯塔诺夫山脉和阿尔顿山原的广大山峦地

---

1 （唐）杜佑：《通典》卷二百《边防十六·都播》，长沙：岳麓书社，1995年，第2854页。
2 ［苏］米哈伊洛夫：《西伯利亚自然地理概述》，周坚操译，北京：商务印书馆，1958年，第92页。
3 （宋）叶隆礼撰、贾敬颜、林荣贵点校：《契丹国志》卷二十五《胡峤陷北记》，文殿阁书庄版，第239页；（晋）郭璞注：《山海经》第十八卷《海内经》，上海：上海古籍出版社，第399–400页。
4 （宋）欧阳修、宋祁：《新唐书》卷二百一十七《回鹘下》，北京：中华书局，1975年，第6139–6140页；（唐）杜佑：《通典》卷一百九十九《边防十五·拔野古》，长沙：岳麓书社，1995年，第2845页。
5 （唐）杜佑：《通典》卷二百《边防十六·拔悉弥》，长沙：岳麓书社，1995年，第2852页。

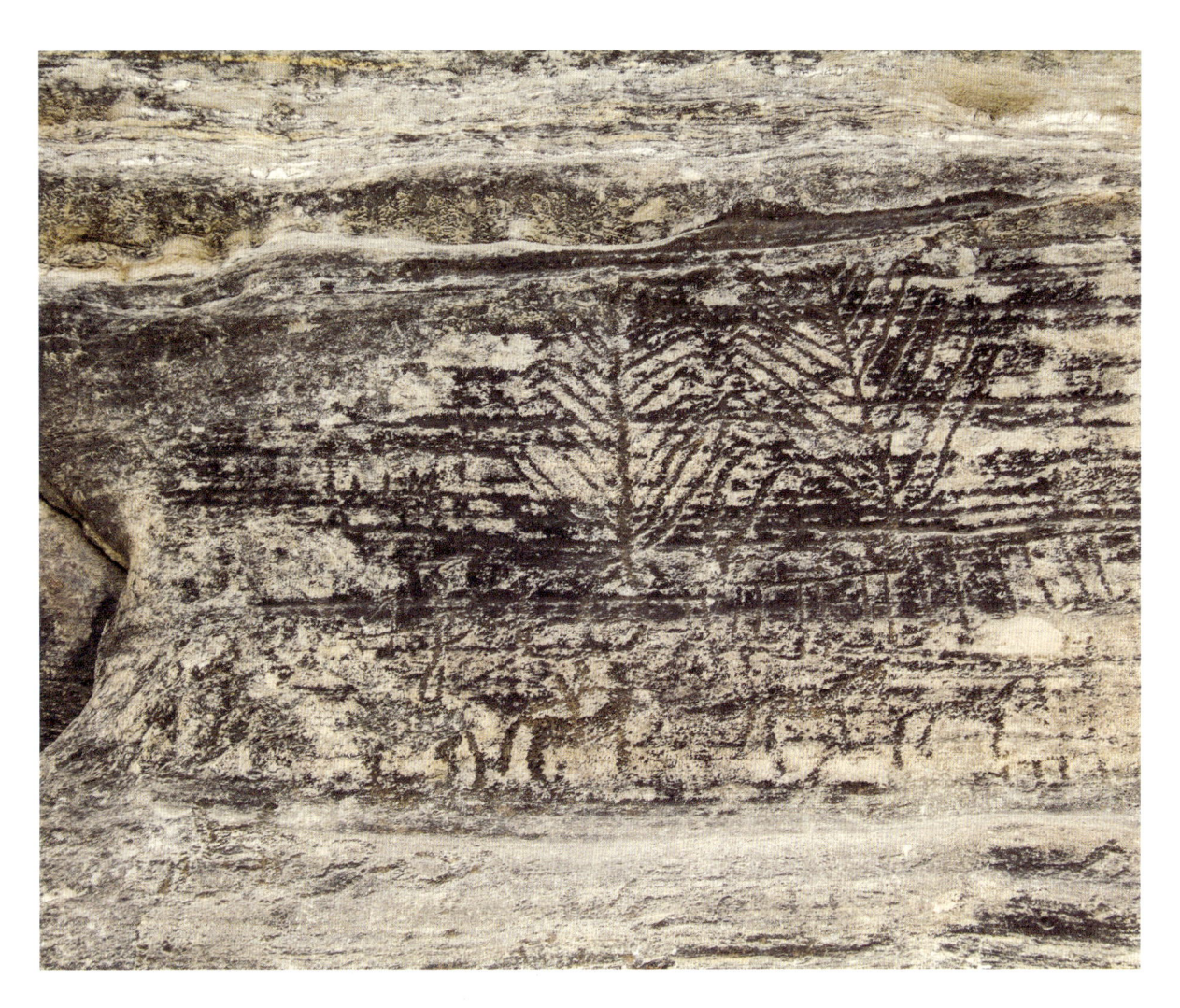

△ 图 2-4　阿尔泰岩画中的森林生活（王铁男 摄影）

带，那里山林广布且地形崎岖，夏季短促温和，冬季气候寒冷。[1]那里生活的游猎人群夏天住桦皮屋、饮桦树汁并种植一些农作物，住在木头围成的聚居区内，冬天放牧猪和麋鹿等牲畜。[2]该区域的吐纥山、胡布山等地生活的室韦部落群体常于冬季在山野间结冰的水域捕鱼，或在林海雪原中射猎野物。[3]该区域北部勒拿河流域还曾生活着鞠、榆介等古代渔猎群体。鞠部落夏天喜欢住在山上放牧驯鹿，也采集蘑菇和人参果等植物果实充饥，冬天则乘鹿拉雪橇捕猎貂等动物，食其肉，衣其皮过冬。[4]

1　[苏]米哈伊洛夫:《西伯利亚自然地理概述》，周坚操译，北京：商务印书馆，1958年，第87页，第96页。

2　古藏文本《北方若干国君之王统叙记》，薛宗正辑注:《突厥稀见史料辑成正史外突厥文献集萃》，乌鲁木齐：新疆人民出版社，2005年，第529页；《契丹国志》卷二十五《胡峤陷北记》。

3　（唐）李延寿:《北史》卷九十四《室韦》，北京：中华书局，1974年，第3130–3131页。

4　（唐）杜佑:《通典》卷一百九十九《边防十五·鞠国》，长沙：岳麓书社，第2846页；古藏文本《北方若干国君之王统叙记》，薛宗正辑注:《突厥稀见史料辑成正史外突厥文献集萃》，乌鲁木齐：新疆人民出版社，2005年，第530页。

▲ 图 2-5 高句丽狩猎壁画

(National Museum of Korea, K157)

西伯利亚泰加森林地带的东南部区域向南深入到了黑龙江流域以及长白山山脉附近地区，古代这一地区生活的东胡系人群、貊系人群以及一部分通古斯语人群与西伯利亚泰加森林地带活动的人群有着各种互动联系。[1]黑龙江上游大兴安岭以西的森林草原地带曾经活跃着早期拓跋鲜卑、乌洛侯、黑车子室韦、奚等采集渔猎部众，生活方式大致与外贝加尔地区的古代人群近似。黑龙江中下游及其支流流域的森林沼泽地带，往东北扩展至鄂霍茨克海沿岸地方。那里的古老渔猎人群肃慎人及其后代挹娄和勿吉住在森林中，夏季种植一些农作物兼养猪，冬季在林海雪原中狩猎为生。[2]活跃于鄂霍茨克海沿岸的流鬼人依海岛而居住，冬季在冰原上乘狗拉雪橇狩猎，有时也会脚蹬滑雪板在冰雪中捕猎野兽。[3]

冰雪采集狩猎群体生计

古代森林人群在冬季的森林中形成了丰富的雪地生存智慧。叶尼塞黠戛斯人非常依赖狩猎活动。唐代的中原人对黠戛斯人驾驶木马打猎的活动进行了详细的报道：黠戛斯人生活的地方可供狩猎的野兽很多，他们在冬天狩猎时会驾驶着一种叫作木马的滑雪工具，一旦他们在大雪覆盖的山林间发现猎物，就会顺势疾驰而下，或借助下降时带来的惯性旋即直冲上山坡，他们追赶动物时如同在空中飞翔一般。[4]由此可知叶尼塞黠戛斯对驾驶"木马"的熟练掌握程度。

---

[1] 凌纯声：《松花江下游的赫哲族》，北京：民族出版社，2012年，第46–50页。

[2] （南朝宋）范晔：《后汉书》卷八十五《挹娄》，北京：中华书局，1965年，第2812页；（北齐）魏收：《魏书》卷一百《勿吉》，北京：中华书局，1974年，第2220页。

[3] （唐）杜佑：《通典》卷二百《边防十六·流鬼》，长沙：岳麓书社，1995年，第2852页。

[4] （唐）杜佑：《通典》卷二百《边防十六·结骨》，长沙：岳麓书社，1995年，第2854页。

△ 图 2-6　木马的制造（吕俊 摄影）

△ 图 2-7　乘木马逐鹿的黠戛斯猎人
（王卫东根据《通典》相关记载绘制）

木马实际上是一种用皮毛包裹木板而制成的滑雪板，各个地方形制不同。拔悉弥人的滑雪板外形像盾牌一样，外面包裹着马皮，滑雪板有皮毛的一侧挨着雪面顺毛而滑，这种滑雪板滑过雪地时速度非常快。拔悉弥人使用滑雪板时，会将其拿到地势较高的山上，发现猎物后，从山上纵势而下。此时猎人滑行的速度可以超过全力奔跑的野鹿，猎物几乎没有逃脱的可能。当他们滑过平地时，则需要借助木杆戳地辅助行走，就像在水中划船一样，速度也很快。[1] 与拔悉弥人和黠戛斯人相邻而生活的三个突厥部落都播、弥列、歌俄支也非常擅长使用木马，这三个部落因之被称为"木马三突厥"。他们的木马是用两支夹在腋下的拐杖为辅助在冰上行走的。[2]

▶ 图 2-8
阿尔泰马毛滑雪板
（吕俊 摄影）

---

1 （唐）杜佑：《通典》卷二百《边防十六·拔悉弥》，长沙：岳麓书社，1995年，第2852页。
2 （宋）欧阳修、宋祁：《新唐书》卷二百一十七《回鹘下》，北京：中华书局，1975年，第6147–6149页。

生活在东北亚的流鬼人也常于冬天冰冻之后踩木马在冰上打猎，他们的木马有七尺（约2米）多长，约六寸（20厘米）宽，踩在脚上滑行时可以追得上奔跑的野兽。[1]元代长白山女真人的木马形状似弹弓，四尺（约1.3米）长、五寸（17厘米）宽，一左一右绑在脚下，在雪中和冰上滑行的速度可以赶上全力奔跑的马匹。[2]木马作为冰雪中狩猎出行的重要工具，在北方渔猎人群中广为流传，今天在新疆阿尔泰和西伯利亚的一些地区仍有古老的滑雪板在使用。今天阿尔泰地区的滑雪板在制作材料、长度尺寸及使用方法上非常接近拔悉弥人的"马毛木马"，可见这种滑雪板在北方森林人群冰雪生活中使用得非常普遍。

除"木马"之外，北方狩猎人群还有一种被称为"木脚"或者"萨喇"的古代滑冰鞋。有相关记载说，贝加尔湖以东地区生活着一支被称为"牛蹄突厥"的人群，这个群体极有可能是因为脚踩牛骨做的滑雪器而被相邻的族群误认为是人身牛足，[3]被冠以"牛蹄突厥"的称号。此外，也有唐代文献记载，在同一地区活动的拔野古人也是穿着"木脚"在冰上逐鹿的人群。[4]辽代活跃在老哈河流域的奚人群体步行上山打猎的时候"其行如飞"[5]，估计也是运用了木脚之类的滑雪器具作为辅助。无独有偶，清代东北地区的满洲人也有一种叫作"萨喇"的木板鞋，只有三四十厘米长，用皮毛包裹制成，在山间的冰雪地上追逐野兽，像马一样飞快。[6]

---

[1]（唐）杜佑：《通典》卷二百《边防十六·流鬼》，长沙：岳麓书社，1995年，第2852页。

[2]（元）孛兰肹等：《元一统志》卷二，北京：中华书局，1966年，第220页。

[3]（宋）叶隆礼撰，贾敬颜、林荣贵点校：《契丹国志》卷二十五《胡峤陷北记》，上海：上海古籍出版社，1985年，第239页。

[4]（唐）杜佑：《通典》卷一百九十九《边防十五·拔野古》，长沙：岳麓书社，1995年，第2845页。

[5]（宋）叶隆礼撰，贾敬颜、林荣贵点校：《契丹国志》卷二十二《四京本末》，上海：上海古籍出版社，1985年，第216页。

[6]（清）高士奇：《扈从东巡日录》，李澍田主编：《松漠纪闻 扈从东巡日录 启东录 皇华纪程 边疆叛迹》，长春：吉林文史出版社，1986年，第127页。

△ 图 2-9 七姓赫哲滑冰狩猎图

[（清）谢遂，台北故宫博物院藏]

△ 图2-10　6世纪高句丽鹰猎图
[徐光冀主编：《中国出土壁画全集》（辽宁、吉林、黑龙江卷），北京：科学出版社，2011年，第161页]

　　除穿着木马和木脚打猎以外，在一些雪层不深的地方，古代的游猎人群还发明了鹰猎的技能。降雪较为稀少的贝加尔湖沿岸，历来是金雕和海东青等猛禽的栖息地，活跃在当地的游猎人群驯化这些猛禽用来捕捉毛腿沙鸡等猎物。[1]冬天动物在雪地中冬眠，猎取这些动物只需要在茫茫雪原中找到动物的踪迹。大兴安岭一带的索伦鄂温克人（Solon Ewenki）便擅长追踪野兽的踪迹，他们经常从雪地上遗留的粪便判断动物的去向，他们把自己绑在树上，只要雪地里有动物跑过，就伺机射猎它们。[2]达呼里、红呼里等部族则有在固定的日子于雪地猎取野兔的习俗，打猎迅速准确，猎人们以此为乐。[3]由于雪地里黄羊反应比较迟钝，东北地区驻扎的清朝水师直接徒步持棍棒就可以猎取。[4]这些狩猎技术和习俗都是北方森林人群在历史发展过程中积累起来的知识和智慧的体现。

---

[1]　[意]马可·波罗：《马可·波罗游记》，余前帆译注，北京：中国书籍出版社，2009年，第131页。

[2]　（清）方式济：《龙沙纪略》，上海：博古斋，1917年，第13页。

[3]　（清）方式济：《龙沙纪略》，上海：博古斋，1917年，第15页。

[4]　（清）方式济：《龙沙纪略》，上海：博古斋，1917年，第13页。

▲ 图 2-11 索伦鄂温克狩猎图

（王卫东根据《龙沙纪略》记载绘制）

▲ 图 2-12 雪地梃击黄羊图

（王卫东根据《龙沙纪略》记载绘制）

△ 图2-13 查干湖冬捕（嘉铭詹 摄影）

　　除了狩猎以外，捕鱼也是森林人群冬天重要的食物获取手段。黑龙江上游额尔古纳河流域的北室韦以及其北部的钵室韦尤其擅长冰捕。他们在冰面上开凿孔洞并在冰孔里放置渔网，渔网沉入水中扩散，等鱼群聚集过来吸氧的时候就会钻进渔网中被捕获。[1] 在呼伦贝尔一带生活过的乌洛侯部落以及鞑子（Da-Sre）部落也擅长捕鱼，他们穿鱼皮，用鱼骨头做房屋的支架，过着渔猎生活。[2] 妪厥律部落产的鱼类常年输送契丹[3]，契丹贵族也有在结冰的河上凿冰取鱼的习惯[4]。黑龙

---

1 （唐）李延寿：《北史》卷九十四《室韦》，北京：中华书局，1974年，第3129—3130页。

2 （唐）杜佑：《通典》卷二百《边防十六·乌洛侯》，长沙：岳麓书社，1995年，第2851页；古藏文本《北方若干国君之王统叙记》，薛宗正辑注：《突厥稀见史料辑成正史外突厥文献集萃》，乌鲁木齐：新疆人民出版社，2005年，第529页。

3 （宋）叶隆礼撰、贾敬颜、林容贵点校：《契丹国志》卷二十五《胡峤陷北记》，上海：上海古籍出版社，1985年，第239页。

4 （宋）叶隆礼撰、贾敬颜、林容贵点校：《契丹国志》卷二十三《渔猎时候》，上海：上海古籍出版社，1985年，第226页。

江和混同江冬季所产的"牛鱼"久负盛名,[1]清代,黑龙江冰捕所获的鱼可以卖出夏天价钱的十倍,是当地居民重要的收入来源。[2]

除获取动物资源外,林海雪原中生活的森林人还发展出许多冬季获取植物食品的方法,这仍然与他们擅长在雪地中发现动物活动的本领相关。西伯利亚生活的松鼠等啮齿类动物于冬季来临之前就储备过冬使用的坚果,一只松鼠能在自己选择的栖息地储存几公斤的坚果。[3]森林里面的松鼠成千上万,他们的搬运活动使得西伯利亚的植物品种可以实现跨地域分布,也为冬天的采集狩猎者带来丰富的植物食物来源。生活在勒拿河沿岸的鞠部落人就是一支擅长在树洞中发现并采集松鼠和啄木鸟等动物储备粮的人群。[4]

▶ 图 2-14
在雪地采集坚果的鞠人
(王卫东根据古藏文本《北方若干国君之王统叙记》记载绘制)

---

1 (清)杨宾:《柳边纪略》卷三,北京:中华书局,1985年,第65页。

2 (清)方式济:《龙沙纪略》,上海:博古斋,1917年,第20页。

3 [苏]米哈伊洛夫:《西伯利亚自然地理概述》,周坚操译,北京:商务印书馆,1958年,第169–170页。

4 古藏文本《北方若干国君之王统叙记》,薛宗正辑注:《突厥稀见史料辑成正史外突厥文献集萃》,乌鲁木齐:新疆人民出版社,2005年,第530页。

△ 图 2-15　雪地森林中的驯鹿（冯训林 摄影）

　　北方森林地带的人群至少在新石器时期就已经开始改造天然洞穴，通过设置天然烟道、垒墙等措施使岩洞更加适宜冬季居住。[1] 贝加尔湖以东到大兴安岭一带的山地人群冬天住在山间的洞穴之中，将猪皮和鹿皮铺在地上保暖。[2] 黑龙江流域生活的挹娄人和鄂霍次克海海滨的流鬼人在冬季会开挖很深的地穴以供居住。[3] 南西伯利亚地区的居民利用树木建造冬天的居所。史料记载叶尼塞黠戛斯人"周栅代垣、联毡为帐"[4]，可知这种木屋基本上是壁桁结构式的。与黠戛斯人毗邻的

1　关矢晃：《近年俄罗斯阿尔泰地区的考古状况——1992-1994 年的旧石器时代、新时期时代的考古学状况》，朱延平译，《华夏考古》1994 年第 4 期；于建军：《2016-2017 年新疆吉木乃县通天洞遗址考古发掘新发现》，《西域研究》2018 年第 1 期。

2　（唐）李延寿：《北史》卷九十四《室韦》，北京：中华书局，1974 年，第 3129-3130 页。

3　（南朝宋）范晔：《后汉书》卷八十五《挹娄》，北京：中华书局，1965 年，第 2812 页；（唐）杜佑：《通典》卷二百《边防十六·流鬼》，长沙：岳麓书社，1995 年，第 2852 页。

4　（宋）欧阳修、宋祁：《新唐书》卷二百一十七《回鹘下》，北京：中华书局，1975 年，第 6147-6149 页。

△ 图 2-16　现代壁桁结构式住屋（王铁男 摄影）

驳马人"累木如井栏，桦皮盖以为屋，土床草褥加毡而寝"[1]，可知这种木屋上面覆盖有厚厚的桦树皮，内部有类似于火炕的装置。西伯利亚的都播人也大致采用了相似的木屋以应对冬天的冰雪环境。[2] 生活在长白山一带的熟女真把住房选在靠近山的位置，将房门一侧朝向山根处以避风雪；[3] 清代满洲人的住屋设置有三面火炕，并安装了可以季节性开启和闭合的窗户以利采光保暖及避风挡雪。[4]

---

[1]（唐）杜佑：《通典》卷二百《边防十六·驳马》，长沙：岳麓书社，1995年，第2854页。

[2]（宋）欧阳修、宋祁：《新唐书》卷二百一十七《回鹘下》，北京：中华书局，1975年，第6147–6149页。

[3]（宋）叶隆礼撰、贾敬颜、林荣贵点校：《契丹国志》卷二十二《四至邻国地理远近》，上海：上海古籍出版社，1985年，第212页。

[4]（清）方式济：《龙沙纪略》，上海：博古斋，1917年，第21页；（清）高士奇：《扈从东巡日录》，李澍田：《松漠纪闻 扈从东巡日录 启东录 皇华纪程 边疆叛迹》，长春：吉林文史出版社，1986年，第109–110页。

▲ 图 2-17 西伯利亚古代半地穴式房屋遗址及其复原图

(Ludmila Koryakova, Andrej Vladimirovich Epimakhov, *The Urals And Western Siberiain The Bronze And Iron Ages*, London:Cambridge University Press, 2006, p. 101)

▲ 图 2-18　浑剥鹿皮衣

（王卫东根据《通典》记载绘制）

冬季人们在野外活动，需直接面对刺骨的风雪。在东萨彦岭一带生活的都播人发明了用鸟的羽毛织成的衣服御寒。[1]西西伯利亚平原常有暴风雪吹过，[2]那里的游猎人群鬼国人直接将整个剥下来的鹿皮套在身上出行，以避免被刺骨的风雪冻伤。[3]斯塔诺夫山脉一带的室韦人出行的时候往往冠以狐貂，身穿鹿皮。[4]而东北亚以养猪著称的通古斯人养成了在冬季出行时用猪油涂抹身体和穿猪皮制成衣服的传统。[5]正因为他们的这一文化特征，东北亚与他们毗邻的雅库特人（勒拿河沿岸及阿尔顿山一带操突厥语的游牧人群）用突厥语中表示猪的词汇称呼他们为通古斯（Tougus）。[6]

在野外获取狩猎成果后，搬运这些食物就成为重要工作。驯鹿等动物体型巨大，把它运回居住地不是一件容易的事情。因此，拔悉弥等人群在猎到驯鹿等大型动物后，经常就地把鹿烹饪掉，请同氏族的人共同享用。[7]为将猎物或采集物带到居住地，北方的采集狩猎人群发明了雪上运载工具——雪橇。雪橇需要畜力做牵挽，各部落人群所用的役畜各不相同，所以雪橇的使用办法也有差别。鹿是北方一种非常重要的家畜，常被用作拉雪橇（车）的役畜，[8]那些养鹿及使用鹿拉雪橇的群体就被称作使鹿部。勒拿河一带鞠部落用鹿牵引的雪橇可以承载四五个人在冰雪上行走。[9]在黑龙江、乌苏里江与松花江三江汇流

1　（宋）欧阳修、宋祁：《新唐书》卷二百一十七《回鹘下》，北京：中华书局，1975年，第6144页。

2　［苏］米哈伊洛夫：《西伯利亚自然地理概述》，周坚操译，北京：商务印书馆，1958年，第84页。

3　（唐）杜佑：《通典》卷二百《边防十六·鬼国》，长沙：岳麓书社，1995年，第2854页。

4　（唐）李延寿：《北史》卷九十四《室韦》，北京：中华书局，1974年，第3129–3130页。

5　（南朝宋）范晔：《后汉书》卷八十五《挹娄》，北京：中华书局，1965年，第2812页。

6　［俄］史禄国：《北方通古斯的社会组织》，吴有刚、赵复兴、孟克译，呼和浩特：内蒙古人民出版社，1985年，第73–74页；凌纯声：《松花江下游的赫哲族》，北京：民族出版社，2012年，第8–9页。

7　（唐）杜佑：《通典》卷二百《边防十六·拔悉弥》，长沙：岳麓书社，1995年，第2852页。

8　（清）何秋涛：《朔方备乘》卷二十九，光绪七年畿辅通志局版，第7页。

9　（唐）杜佑：《通典》卷二百《边防十六·鞠国》，长沙：岳麓书社，1995年，第2846页。

▲ 图2-19
拔悉弥人雪地就食图
(王卫东根据《通典》记载绘制)

处生活的不剃发黑金人（赫哲的一部分）使用的雪橇，前面用几只狗作为牵引，后面雪橇上须有一人用撑杆把握雪橇的方向或辅助催动雪橇，就像水中划船一般。[1]黑龙江流域满洲人的雪橇叫作"扒犁"或者"法喇"，用纯木头做成，不用任何铁钉。用马牵引，可以运载大量物品，速度非常之快，遇到路况不好的地方也可以急速通过而不易发生倾覆。[2]

北方森林地带的通古斯人饲养驯鹿，森林和草地交界之处的通古斯人饲养马匹。驯鹿只以苔藓为食，森林里四季雪层覆盖苔藓的程度不同，驯鹿靠交替啃食林间不同地带的苔藓生存。在森林中缺乏猎物的年份，一些通古斯人也会迁徙到森林和草原交界的混合地带。这种情况下，驯鹿不好养，人们便开始养殖马匹作为狩猎的交通工具。森

---

1 （清）杨宾：《柳边纪略》卷三，北京：中华书局，1985年，第47页。
2 （清）何秋涛：《朔方备乘》卷二十九，光绪七年畿辅通志局版，第14页；高士奇：《扈从东巡日录》，李澍田主编：《松漠纪闻 扈从东巡日录 启东录 皇华纪程 边疆叛迹》，长春：吉林文史出版社，1986年，第127页。

▲ 图2-20 赫哲雪橇
［（清）谢遂，台北故宫博物院藏］

林地带冬季为冰雪覆盖，春夏之际冰雪融化形成沼泽，即所谓的"哈汤"。哈汤中"树根盘错，乱石坑呀，马畏不前……人依草墩而行，略一转侧，人马俱陷"[1]。所以，养马狩猎的人群很难再进入森林地带活动。而驯鹿则非常擅长行走沼泽，往来如履平地，养驯鹿的森林狩猎人群可以四季都在林间活动。[2]因此狩猎的通古斯人便渐渐分成了两种人群。

西伯利亚冬夏两季气候差别很大，人类的活动和居住形态也有季节性的不同，从而对北方采集狩猎人群的社会组织产生了一定的影响。法国社会学家莫斯，曾对极地苔原地带生活的采集狩猎人群因纽特人随季节性生计活动变动而调整社会组织形态及相关文化规制的现象有过精辟的分析。[3]北方通古斯语族人群中的采集狩猎人群习惯于

---

1 （清）何秋涛：《朔方备乘》卷二十一，光绪七年畿辅通志局版，第1、5页。
2 ［俄］史禄国：《北方通古斯的社会组织》，吴有刚、赵复兴、孟克译，呼和浩特：内蒙古人民出版社，1985年，第44—45页。
3 ［法］马塞尔·莫斯：《社会学与人类学》，佘碧平译，上海：上海译文出版社，2014年，第421—507页。

△ 图 2-21　泰加森林地区的仓房（白兰 摄影）

夏季住在简易的桦皮屋内以小规模的家庭游猎方式活动，而冬季则为了躲避风雪而住在比较固定的洞穴或者地下房屋里。鞠国人"聚木为屋，尊卑共居其中"[1]，鞯鞨、室韦等"部落共为大棚"[2]等现象都是氏族或部落共同居所的反映。冬天猎物活动的范围广，狩猎人群需要驾驶木马跨越范围很大的不同猎场。因此，这些不同的游猎氏族之间都有一定程度的猎场公用的约定。[3]这些组织及文化制度设置，都在北方采集狩猎人群的财产观念和社会意识方面打上了超越个体和私有的印记。

---

1 （唐）杜佑：《通典》卷一百九十九·边防十五《鞠国》，长沙：岳麓书社，第2846页。

2 （唐）李延寿：《北史》卷九十四《室韦》，北京：中华书局，1974年，第3130页。

3 ［俄］史禄国：《北方通古斯的社会组织》，吴有刚、赵复兴、孟克译，呼和浩特：内蒙古人民出版社，1985年，第466页。

通古斯人在林间打猎会建造一种仓房，仓房敞开，所有狩猎经过的人都可以在其中取得需要的东西，自己有剩余物品时再添进仓房之中。养马的通古斯人需要在冬季储存大量草料，因此他们定居下来并发明了一种闭合的仓房，仅供自己使用。[1]定居和私有化使得通古斯人的社会意识发生改变，社会组织也因此发生了变化，这一变化深刻地反映在了通古斯人的亲属制度中。北方通古斯人的亲属制度中只区分自己的三代直系亲属与他者，其他所有人中只按年龄长幼做区分，子孙及其后代只做可以通婚和不可以通婚的区别，自己的后代称为"乌特－伊特（ute-ite）"意为"人类的孩子"，而在养马的南方通古斯人那里这个词则有了"子孙"的意思。[2]这一变化实则是森林采集狩猎人群对不同冰雪环境适应后生成的结果。

在冰雪环境中生活，森林采集狩猎人群的许多风俗习惯以及他们对宇宙的认知也脱离不了冰雪的影响。冬天的冰天雪地中，白色是他们最熟悉的颜色，因此古代东北地区生活的鲜卑人和貊系群体等森林人群都有"尚白"的习俗。此外，长白山一带的扶余人还在亡灵的祭祀活动中使用白色冰块，他们经常在葬礼中使用冰块。[3]勿吉人崇拜白雪皑皑的徒太山（长白山）。[4]而辽金时期长白山一带的人群也因"其山禽兽皆白而人不敢入，恐秽其间，以致蛇虺之害"[5]。清代更因为长白山是清朝龙兴之地而增加了其神秘色彩，以致皇帝东巡路过长白山下时都会率王公大臣望长白山行三跪九叩之礼。[6]

---

1 ［俄］史禄国：《北方通古斯的社会组织》，吴有刚、赵复兴、孟克译，呼和浩特：内蒙古人民出版社，1985年，第463-464页。

2 ［俄］史禄国：《北方通古斯的社会组织》，吴有刚、赵复兴、孟克译，呼和浩特：内蒙古人民出版社，1985年，第280-281页。

3（宋）乐史：《太平寰宇记》卷一百七十四《四夷三东夷三·扶余》，光绪八年金陵书局版。

4（北齐）魏收：《魏书》卷一百《勿吉》，北京：中华书局，1974年，第2220页。

5（宋）洪皓：《松漠纪闻》，李澍田主编：《松漠纪闻 扈从东巡日录 启东录 皇华纪程 边疆叛迹》，长春：吉林文史出版社，1986年，第26页。

6（清）高士奇：《扈从东巡录》，李澍田主编：《松漠纪闻 扈从东巡日录 启东录 皇华纪程 边疆叛迹》，长春：吉林文史出版社，1986年，第109-110页。

采集狩猎人群的历史变迁

综上所述，古代北方森林地带生活的人群都发展出了丰富的冰雪文化。随着时代的变迁，一部分采集狩猎人群渐渐走出了世代生活的森林地带，他们的生活方式也发生了变化，但是他们的部分冰雪文化在新的生活环境中保留了下来。

中古时期在东北亚大陆活动的古代土著人群，见于历史记载的大致可分为四类：一类是从长白山地区到朝鲜半岛范围内居住的扶余、高句丽、秽貊等在丘陵山地从事混合农业的古朝鲜语人群；[1]第二类是活跃于松嫩平原到鄂霍次克海沿岸一带，讲古通古斯语的、以捕鱼狩猎、养猪种田为生计，且善于驾船航行的勿吉-靺鞨人；[2]第三类是活动在蒙古高原东北部的一些操突厥语的、以采集狩猎或游牧为生计的铁勒-丁零部众；第四类则是围绕大兴安岭及其附近山地活动的鲜卑、乌桓、室韦、契丹、奚等人群；第四类人群有相似的葬俗，[3]他们都以狩猎为主要生计。[4]此外，他们都称呼自己的部落首领叫"莫贺咄""莫贺弗"或"莫弗"（部分古通古斯人也有相同的称呼）。[5]

结合这些人群与吐谷浑人语言相近的史料记载可知，他们大部分

---

1 （南朝宋）范晔：《后汉书》卷八十五《东夷列传》，北京：中华书局，1974年，第2807-2827页。

2 （北齐）魏收：《魏书》卷一百《勿吉》，北京：中华书局，1974年，第2220页。

3 （唐）李延寿：《北史》卷九十四《契丹》，北京：中华书局，1974年，第3128页；（唐）李延寿：《北史》卷九十四《室韦》，北京：中华书局，1974年，第3130页。（宋）欧阳修：《新唐书》卷二百一十九《契丹》，北京：中华书局，1975年，第6167页。

4 （南朝宋）范晔：《后汉书》卷九十《乌桓鲜卑列传》，北京：中华书局，1974年，第2979页，第2985页；（北齐）魏收：《魏书》卷一百《地豆于》，北京：中华书局，1974年，第2222页；（北齐）魏收：《魏书》卷一百《库莫奚契丹》，北京：中华书局，1974年，第2222-2223页；（北齐）魏收：《魏书》卷一百《乌洛侯》，北京：中华书局，1974年，第2224页；（唐）李延寿：《北史》卷九十四《室韦》，北京：中华书局，1974年，第3130页。

5 （北齐）魏收：《魏书》卷一百《库莫奚契丹》，北京：中华书局，1974年，第2222-2223页；（北齐）魏收：《魏书》卷一百《乌洛侯》，北京：中华书局，1974年，第2224页；（唐）李延寿：《北史》卷九十四《勿吉》，北京：中华书局，1974年，第3124页；（唐）李延寿：《北史》卷九十四《室韦》，北京：中华书局，1974年，第3130页。

都讲蒙古语族语言。[1]结合以上特征，我们将把这些人群视为一个相互关联的古代部落群体进行描述，以他们的历史演变为例来呈现北亚采集狩猎人群的冰雪文化样貌。

这部分人群在西汉时期被统称为东胡。[2]东胡中进入蒙古高原东部活动的部落群体势力强大，但是在与阴山地区新兴的匈奴游牧势力的争夺中失败，部落分散，重新退居到了大兴安岭南部地区。[3]他们当中居住于大兴安岭西南端、西拉木伦河流域的一支被称为乌桓，而靠近大兴安岭山区居住的部分则被称为鲜卑。[4]公元前119年，西汉将军霍去病打击匈奴左部，辽东塞外匈奴势力空虚之后，西汉政府关注到在大兴安岭西南端活动的乌桓人群。[5]乌桓的活动区域接近辽西汉朝边塞，西汉统治者们希望利用这些人群来制约匈奴，辅助守边。[6]而鲜卑人则因远离边塞，早期未与汉朝发生太多联系。当乌桓势力增大并在汉匈之间叛服不定后，汉朝看重大兴安岭东侧的鲜卑力量，奖励他们去打击乌桓和匈奴，并且促使他们很快南迁到乌桓故地[7]，而乌桓则在衰落中逐渐迁离。

---

[1] （北齐）魏收：《魏书》卷一百《失韦》，北京：中华书局，1974年，第2221页；（北齐）魏收：《魏书》卷一百一《吐谷浑》，北京：中华书局，1974年，第2233页；古藏文本《北方若干国君之王统叙记》，薛宗正辑注：《突厥稀见史料辑成正史外突厥文献集萃》，乌鲁木齐：新疆人民出版社，2005年，第529页；张生寅、胡芳、杨军：《土族》，银川：宁夏人民出版社，2012年，第5-7页，第18页。

[2] （西汉）司马迁：《史记》卷一百一《匈奴列传》，北京：中华书局，1959年，第2886-2887页，第2889-2890页。

[3] （西汉）司马迁：《史记》卷一百一《匈奴列传》，北京：中华书局，1959年，第2889-2890页；（南朝宋）范晔：《后汉书》卷九十《乌桓鲜卑列传》，北京：中华书局，1974年，第2979、2985页。

[4] （南朝宋）范晔：《后汉书》卷九十《乌桓鲜卑列传》，北京：中华书局，1974年，第2979、2985页。

[5] （东汉）班固：《汉书》卷五十五《卫青霍去病列传》，北京：中华书局，1962年，第2486页；（南朝宋）范晔：《后汉书》卷九十《乌桓鲜卑列传》，北京：中华书局，1974年，第2979页，第2981页。

[6] （南朝宋）范晔：《后汉书》卷九十《乌桓鲜卑列传》，北京：中华书局，1974年，第2979页。

[7] （南朝宋）范晔：《后汉书》卷九十《乌桓鲜卑列传》，北京：中华书局，1974年，第2985-2986页。

匈奴衰败并瓦解后，鲜卑诸部势力大量进入蒙古高原。草原上的许多匈奴部众因害怕被打击而自号鲜卑，[1]这一时期形成了许多鲜卑和匈奴融合的部落，他们散居蒙古高原东半部，不相统属。此时期，一支匈奴贵族迁徙到西拉木伦河流域，控制了当地的鲜卑部众，形成了"宇文鲜卑部"。[2]同一时期大兴安岭东南方的一些鲜卑贵族也形成了自己的独立势力，在辽河流域除了宇文鲜卑外，还有段部鲜卑和慕容鲜卑等势力。[3]而此时原本活动于大兴安岭北部山区的狩猎人群拓跋鲜卑部族，也迁徙到了大兴安岭西侧今呼伦贝尔草原一带，并于公元3世纪早期迁徙到阴山地区的匈奴故地。[4]然而，由大兴安岭向西迁徙的"拓跋鲜卑"并未被汉代的史书所提及。

在辽东和燕山一带的鲜卑部族中，慕容部因吸收了许多战乱时期的中原流民而势力壮大，打败了周围的段部和宇文部，并南下华北平原建立政权。[5]而被打败的宇文鲜卑则部族离散，发生了重组。重组后的鲜卑人分为两个部分，仍然活动在西拉木伦河流域。靠近东边的一支叫作契丹，以狩猎为主要生计；而靠近西边的一支叫作库莫奚，也从事狩猎生计，但游牧成分高于契丹。[6]这两支势力此后一直相互对立，直到10世纪初契丹贵族耶律阿保机彻底征服奚部为止。在东部鲜卑发生变化的同时，从大兴安岭西侧进入蒙古高原的鲜卑人也融合了新的成分，发生了新的变化。他们一部分活跃于蒙古高原，形成了柔然游牧势力；[7]另一部分在中国北方建立了南凉、代和北魏等政权。[8]

---

1 （南朝宋）范晔：《后汉书》卷九十《乌桓鲜卑列传》，北京：中华书局，1974年，第2986页。

2 （北齐）魏收：《魏书》卷一百三《匈奴宇文莫槐》，北京：中华书局，1974年，第2304页。

3 （北齐）魏收：《魏书》卷一百三《徒何段就六眷》，北京：中华书局，1974年，第2306页；（北齐）魏收：《魏书》卷九十五《徒何慕容廆》，北京：中华书局，1974年，第2060页。

4 （北齐）魏收：《魏书》卷一《帝纪第一》，北京：中华书局，1974年，第2-3页。

5 （唐）李延寿：《北史》卷九十三《燕慕容氏》，北京：中华书局，1974年，第3067、3069页。

6 （北齐）魏收：《魏书》卷一百《库莫奚契丹》，北京：中华书局，1974年，第2222-2223页。

7 （北齐）魏收：《魏书》卷一百三《蠕蠕》，北京：中华书局，1974年，第2289页。

8 （北齐）魏收：《魏书》卷二《太祖纪第二》，北京：中华书局，1974年，第20页；（北齐）魏收：《魏书》卷九十九《鲜卑秃发乌孤》，北京：中华书局，1974年，第2200-2201页。

而此时，这一古代人群当中仍有很大一部分留在大兴安岭山区，维持着传统的采集狩猎生计。

拓跋鲜卑和慕容鲜卑的贵族们都不很注重与位于北方的部落人群交往，除非发生战争的威胁。北魏皇帝拓跋焘在逐鹿中原的进程中考虑到奚和契丹可能带来的威胁，于公元388年亲自带兵击溃了他们，此后便专注于经营中原。[1] 公元443年，一支活跃于大兴安岭北部、以狩猎和养猪为生的人群乌洛侯派出使者前往北魏首都洛阳朝贺，并告知其领地内发现拓跋氏先祖历史遗址的消息，拓跋贵族遂派人前往祭祀。[2] 这是东北亚古代部落群体与中原地区直接进行文化交往的历史事件之一。公元454年以后，一名契丹使节访问洛阳返回后，在东北亚的各部落群体间宣传北魏的繁华，于是引发了东北亚部落群体与中原人群交往的浪潮。[3] 公元472年，毗邻契丹在大兴安岭西侧平原地带从事游牧生计的部落群体地豆于遣使来洛阳朝贺；稍后，勿吉人也乘船经由契丹地界来到洛阳朝贡。[4] 公元544年，一支活跃于大兴安岭北段东侧的南室韦部落群体经由契丹区域来到洛阳朝贡，[5] 带来了北部森林地带人群活动的各类信息。此后，这些活跃于大兴安岭一带的采集狩猎人群便以室韦见称。

虽然东胡系部落群体进入古代中原史书的记录很久，但是关于他们在北部森林地区的原初文化样貌此时才渐为人知。被称为室韦的部落人群在6世纪时分为南室韦、北室韦、钵室韦、大室韦、深末怛室韦等五个部分。他们当中已进入大兴安岭东侧松嫩平原北部活动的南室韦人已经发展出了粗放的农业，并饲养马和猪等牲畜，他们的部落规模和数量也远远超过在山地活动的其他室韦群体，且部落首领的继

---

[1] （北齐）魏收：《魏书》卷一百《库莫奚契丹》，北京：中华书局，1974年，第2222–2223页。

[2] （北齐）魏收：《魏书》卷一百《乌洛侯》，北京：中华书局，1974年，第2224页。

[3] （北齐）魏收：《魏书》卷一百《契丹》，北京：中华书局，1974年，第2223页。

[4] （北齐）魏收：《魏书》卷一百《地豆于》，北京：中华书局，1974年，第2222页；（北齐）魏收：《魏书》卷一百《勿吉》，北京：中华书局，1974年，第2220页。

[5] （北齐）魏收：《魏书》卷一百《失韦》，北京：中华书局，1974年，第2221页。

承方式已采取了世袭制。[1]而其他仍居住在山区、以采集狩猎为主要生计的室韦人则保留了饲养驯鹿的习俗。[2]这些山林中的采集狩猎者一年四季在山中捕猎貂和青鼠等猎物，冬天尤其擅长利用冰雪环境进行捕鱼和狩猎活动。[3]中国古代最早关于北方人群在雪地中踩木马狩猎和在河面上凿冰捕鱼的见闻就出自对这些室韦人群的报道。

7世纪时，室韦人群进一步分化出了许多分支，这些森林狩猎民沿着大兴安岭两侧开始了新的迁徙。其中大兴安岭东侧的室韦部落已经向南扩展到了契丹人的地界附近，与粟末靺鞨和契丹毗邻而居。[4]而沿大兴安岭西侧迁徙的室韦部众更多。至8世纪时，许多室韦部众迁徙到了呼伦贝尔草原一带，他们当中分布最靠西边的部落乌素固部和移塞没部毗邻回纥诸部落而居住。[5]蒙古高原上的突厥语人群称这些草原上的室韦人群为三十姓鞑靼，8世纪突厥可汗的葬礼上，就有来自三十姓鞑靼人的代表。[6]室韦部落已经发展出了游牧生计，啜河（今哈尔哈河）沿岸的塞曷支部落还以盛产好马而著称。[7]不过，他们当中仍有一部分人经常相聚狩猎，过着穿鱼皮衣和住鱼骨屋的传统渔猎生活。[8]虽然这些部落的规模并不大，一般几十家或上百户人家构成一个聚落，[9]但他们却具有较强大的军事实力。漠北的铁勒部众，时而联合附近的室韦部落共同对抗突厥汗国的统治。[10]而由呼伦湖沿岸迁徙至奚

---

1 （唐）李延寿：《北史》卷九十四《室韦》，北京：中华书局，1974年，第3130页。

2 （唐）李延寿：《北史》卷九十四《室韦》，北京：中华书局，1974年，第3130-3131页。

3 （唐）李延寿：《北史》卷九十四《室韦》，北京：中华书局，1974年，第3130-3131页。

4 （后晋）刘昫：《旧唐书》卷一百九十九《室韦》，北京：中华书局，1975年，第5357页。

5 （后晋）刘昫：《旧唐书》卷一百九十九《室韦》，北京：中华书局，1975年，第5357页。

6 《阙特勤碑》东面第4行，耿世民：《古代突厥文碑铭研究》，北京：中央民族大学出版社，2005年，第121页。

7 （后晋）刘昫：《旧唐书》卷一百九十九《室韦》，北京：中华书局，1975年，第5357页。

8 古藏文本《北方若干国君之王统叙记》，薛宗正辑注：《突厥稀见史料辑成正史外突厥文献集萃》，乌鲁木齐：新疆人民出版社，2005年，第529页。

9 （后晋）刘昫：《旧唐书》卷一百九十九《室韦》，北京：中华书局，1975年，第5357页。

10 《毗伽可汗碑》东面第34行，耿世民：《古代突厥文碑铭研究》，北京：中央民族大学出版社，2005年，第162页。

△ 图 2-22　室韦人

（王卫东根据《北史》记载绘制）

部落区域附近的和解室韦（又称黑车子室韦）则经常联合奚人进行军事行动，他们的首领和解热素等人还被唐朝政府授予了室韦都督的称号。[1]

此时，奚和契丹两支先行南下活动的部落群体已经完全适应了游牧生活，史书记载中称其与突厥同俗。[2]他们发展出了更高的社会形态，甚至奚部落的可汗还拥有一支脱离生产活动的专门军队。[3]而新迁入草原地带的室韦部众也很快发生了一些变化。9世纪中期，回鹘汗国在黠戛斯人的打击下分崩离析，可质力特勤等回鹘贵族率领部分部众投奔了大室韦。不久，回鹘末代可汗乌介可汗则亲自率领部众投奔了和解室韦，为了取得和解室韦的庇护，可汗还将自己的妹妹嫁到了室韦部落中。[4]后来，七姓和解室韦将回鹘部众分到了自己的七个分支当中，虽然这一举动引起了黠戛斯人的不满而发重兵袭击了七姓和解室韦并将大多数回鹘人带回漠北，[5]但仍有不少回鹘人流落到了室韦部落。这一时期的人群交织无疑促进了蒙古高原东部室韦部众的变化，《契丹国志》中便记载了回鹘人曾传授黑车子室韦（和解室韦）车帐制作技术的故事。[6]

9世纪末，随着唐末战乱迭起、社会动荡，契丹在收容了大量华北流民后逐渐强大起来，开始讨伐和兼并周边的室韦和奚等部众。[7]辽太祖耶律阿保机在登上帝位前后的几年里几乎每年都有针对黑车子室韦的战争，经过长时间的战争终于兼并了七姓（一说八姓）黑车子及

---

1 （后晋）刘昫：《旧唐书》卷一百九十九《室韦》，北京：中华书局，1975年，第5358页。

2 （宋）欧阳修：《新唐书》卷二百一十七《回鹘下》，北京：中华书局，1975年，第6133页。

3 （后晋）刘昫：《旧唐书》卷一百九十九《奚国》，北京：中华书局，1975年，第5354页。

4 （后晋）刘昫：《旧唐书》卷一百九十五《回纥》，北京：中华书局，1975年，第5215页。

5 （宋）欧阳修：《新唐书》卷二百一十九《契丹》，北京：中华书局，1975年，第6167、6173页。

6 （宋）叶隆礼撰、贾敬颜、林荣贵点校：《契丹国志》卷二十五《胡峤陷北记》，上海：上海古籍出版社，1985年，第239页。

7 （宋）欧阳修：《新唐书》卷二百一十九《契丹》，北京：中华书局，1975年，第6172页。

▲ 图 2-23
回鹘教室韦车帐制作
（王卫东根据《契丹国志》记载绘制）

周边的其他部众。[1] 虽然经历了长时间的游牧化的发展，但是在统一的辽政权下的各东胡系人群当中仍然保留了丰富的采集狩猎冰雪文化。如前所述，奚人上山步猎行走如飞，室韦人惯于捕鱼，而契丹人也保留了许多渔猎时代的生计活动。而此时，在契丹北境，妪厥律等一些原属于室韦部落的人群仍保留了传统的采集狩猎生计。[2] 而在不儿罕山（今肯特山）三河源头处，源自室韦部众的蒙古部先民也正处于既与巴尔忽真人、豁里秃马敦人、兀良哈人等狩猎人群在深山共同狩猎，又开始在草原上牧羊放马的生计转变阶段。[3] 他们的生活中也保留了许多北方森林地带的采集狩猎冰雪文化。

---

1 （元）脱脱：《辽史》卷一《本纪第一太祖耶律阿保机（上）》，北京：中华书局，1974年，第1-4页。

2 （宋）叶隆礼撰、贾敬颜、林荣贵点校：《契丹国志》卷二十五《胡峤陷北记》，上海：上海古籍出版社，1985年，第239页。

3 （清）叶德辉编：《元朝秘史三种》，台北：中文出版社，1975年，第4-6页。

△ 图 2-24 《回猎图》中的契丹人

[（五代）胡瓌，台北故宫博物院藏]

小结

俗语称为林海雪原的森林苔原地带是一种存在于北方的山岭与平原之间的自然景观,对于旅行观光的人群来说,这里充满了魅力、陌生和不便。但是,在森林苔原中生活了上万年的采集狩猎人群眼中,冰天雪地的森林苔原就是他们的家园。这里的冰雪文化是他们与自然环境互动交融的结果。古代北方人群既生活在冰雪环境之中,也生活在自己创造的冰雪文化中。采集狩猎人群的冰雪文化是他们的生活世界中构成生态环境的重要组成部分。

表1 采集狩猎人群的冰雪文化元素

区域	人群	生计类型	冰雪文化元素	所见典籍
西西伯利亚	11世纪西伯利亚Isd地区的尤拉(Yura)人	狩猎	狗拉雪橇、牛股滑雪器	马卫集《动物之自然属性》
	8世纪鬼国人	狩猎	浑剥鹿皮衣服	《通典》卷二百
	8-11世纪基马克(驳马)人	采集捕鱼狩猎,兼营粗放的农业和畜牧业、亦经商	滑雪板、壁桁结构的半地下桦皮屋、火炕	《通典》卷二百、马卫集《动物之自然属性》
唐努乌梁海地区	8-10世纪叶尼塞黠戛斯人	游牧狩猎、兼营农业和季节性捕鱼	壁桁结构的半地下桦皮屋、木马狩猎	《通典》卷二百、《新唐书》卷二百一十七
	8世纪东萨彦岭都播人	采集狩猎、兼营捕鱼	木马、牛股滑雪器、羽衣、冬季地穴木屋	《新唐书》卷二百一十七、《通典》卷一百九十九
	13世纪兀良哈人	狩猎、游牧	察纳(滑雪板)	《马克·波罗游记》
蒙古高原北部	6-8世纪拔悉弥人	狩猎游牧	马毛滑雪板、桦皮屋	《通典》卷二百
	11世纪牛蹄突厥	狩猎	牛股滑雪器	《契丹国志》卷二十五
	丁零[1]	狩猎	牛股滑雪器	《山海经》第十八卷
	7-8世纪拔野古人	游牧狩猎、兼营农业	乘木脚冰上捕猎	《新唐书》卷二百一十七

(续表)

区域	人群	生计类型	冰雪文化元素	所见典籍
外贝加尔地区	4-7世纪胡布山、吐纥山之钵室韦	捕鱼狩猎	冰上捕鱼、木马狩猎、鹿皮衣	《北史》卷九十四、《通典》卷二百
	8世纪鞠部落	采集狩猎、兼营畜牧	鹿拉雪橇、壁桁结构房屋、雪地采集	《通典》一百九十九、古藏文敦煌本《北方若干国君之王统叙记》
	7-8世纪鄂霍次克海流鬼人	捕鱼、狩猎	猪皮衣、鹿皮衣、地穴式房屋、滑雪板	《通典》卷二百
	13世纪八剌忽草原的蔑儿乞人	游牧狩猎	马鹿雪橇	《马可·波罗游记》
黑龙江流域	前2世纪-2世纪肃慎-挹娄-勿吉人	捕鱼、狩猎	猪皮衣、地穴式房屋、雪山（长白山）崇拜	《后汉书》卷八十五、《魏书》卷一百
	4-7世纪额尔古纳河北室韦	捕鱼、狩猎	冰上捕鱼	《北史》卷九十四、《通典》卷二百
	前2世纪至5世纪长白山扶余人	农业、畜牧、兼营狩猎	葬以冰	《太平寰宇记》卷一百七十四
	11-14世纪长白山熟女真	农业、畜牧、兼营狩猎	雪山（长白山）崇拜、雪地鹰猎、木马、避风雪的房屋设置	《契丹国志》卷二十二、《元一统志》卷二、《松漠纪闻》等
	17-19世纪长白山满洲人	农业、畜牧、采集狩猎	雪橇、滑雪鞋、雪地梃击狩猎、避风雪的房屋设置	《扈从东巡录》《龙沙纪略》《朔方备乘》等
	17-18世纪松花江下游七姓、不剃发黑金等赫哲人	采集渔猎	狗拉雪橇、滑雪鞋	《柳边纪略》等
	17-19世纪大兴安岭鄂温克、达呼里、红呼里等部族	采集狩猎	雪地狩猎	《龙沙纪略》

注：1. 丁零人群被记载生活在蒙古高原北部。

第三章
游牧与冰雪文化

草原冰雪环境

北方欧亚大陆泰加森林地带以南，长城－天山山脉、锡尔河－高加索山脉以北，东起大兴安岭和辽河流域，西到喀尔巴阡山脉之间的广阔区域横亘着举世闻名的欧亚大草原。欧亚草原地带生态环境丰富多元，生成了多种多样的游牧经济形态。[1] 游牧是一种依水热条件的季节变化，围绕不同条件的牧场进行季节性轮换的迁徙放牧方式。亚洲中部的高大山地凭借冰雪融水和丰富的山地植被等优势，形成了可供四季游牧的山地牧场。游牧生计在这些优良的山地牧场之间形成并持续了数千年。[2]

---

[1] ［苏］阿纳托利·M.哈札诺夫：《游牧及牧业的基本形式》，贾衣肯译，朱新审，《西域研究》2015年第3期，第101-110页。

[2] Jacqueline T. Eng, "A bioarchaeological study of osteoarthritis among populations of northern China and Mongolia during the Bronze Age to Iron Age transition to nomadic pastoralism", *Quaternary International*, 405 (2016): pp. 172–185; Ranjini Muralia, Purevjav Ikhagvajav, Venera Amankul, et al., "Ecosystem service dependence in livestock and crop-based production systems in Asia's high mountains", *Journal of Arid Environments*, 180 (2020): pp. 1–10.

△ 图 3-1 欧亚草原分布

［王卫东参考 "Climate, landscape history and management drive Eurasian steppe biodiversity" (Editorial, *Flora*, 271, 2020, p.3) 绘制］

亚洲内陆地区的山地牧场附近常有雪线分布，雪线以上常年为冰雪所覆盖。[1] 来自高山上固定冰川的冰雪融水为干旱草原上的河、湖、井、泉等水源地提供了稳定的淡水补给，给牧场上的人畜饮水带来了便利。[2] 因此，干旱内陆地区理想的游牧民活动区域都分布在杭爱山脉、萨彦岭、阿尔泰山脉、天山山脉等有冰雪融水涵养的山地环境以及这些山脉的周边地带。除此之外，西起伊朗高原、经兴都库什山脉到帕米尔高原——青藏高原周边地区的中低纬度区域也分布着大量的山地牧场。游牧经济受积雪变化的影响很大，积雪融水对山地牧草的生长状况和牧场的选址都具有决定作用。[3] 亚洲内陆的山地牧场生态环境复杂，森林与草地之间以及山麓地带时有一些沼泽湿地。多样的

---

[1] Anastasia Glebova, Igor Sergeev, "Human settlement, landscapes and environmental change in the Russian Altai Mountains during the Holocene", *Quaternary International*, 470 (2018), pp.176-193.

[2] Greta Jordan, Sven Goenster-Jordan, Gabriele-Johanna Lamparter, et al., "Water use in agro-pastoral livelihood systems within the Bulgan River watershed of the Altay Mountains, Western Mongolia", *Agriculture, Ecosystems and Environment*, 250 (2018), pp. 180-193.

[3] Monika A. Tomaszewsk, Lan H. Nguyen, Geoffrey M. Henebry, "Land surface phenology in the highland pastures of montane Central Asia: Interactions with snow cover seasonality and terrain characteristics", *Remote Sensing of Environment*, 240 (2020), pp. 1-25.

△ 图 3-2　高山牧场
（王卫东 摄影）

生态环境为牧区带来了发展狩猎和农业经济的可能性，山地游牧人群形成了复合多种生计方式的混合经济系统。[1]

古代蒙古高原北部的诸山地间曾先后兴起过丁零（铁勒）、柔然、薛延陀、九姓回鹘、蔑儿乞、克烈等游牧人群。杭爱山与阿尔泰山之间山地牧场上的乞里吉斯、葛逻禄、乃蛮、斡亦剌特等游牧部落更借由阿尔泰山周边的山地牧场把活动的范围扩展到了更远的天山地区。天山山间也分布着广阔的山地草原，古代乌孙、塞人、月氏、悦般、十箭突厥、突奇施、样磨等草原游牧部落于山间的四季牧场迁徙牧养牲畜。这些游牧人群在长期的游牧生计中发展出了丰富的游牧型冰雪文化。

---

[1] Jacqueline T. Eng, "A bioarchaeological study of osteoarthritis among populations of northern China and Mongolia during the Bronze Age to Iron Age transition to nomadic pastoralism", *Quaternary International*, 405 (2016): pp. 172-185.

古代突厥人曾将山看作其命运维系的基础，甚至在他们看来，汗国的兴衰也与山有莫大的关系。[1]古代匈奴人尤其崇拜有常年冰雪覆盖的山脉，他们每路过冰雪常年覆盖的天山，必下马跪拜。[2]在众多牧场中，那种靠近高山、有山有水的牧场被操蒙古语的游牧人群称作"杭盖"，而丘陵地带的草原则被称作"塔拉"。"杭盖"是牧民理想的牧场。蒙古高原的牧民将山地草原中常年有冰雪覆盖的山地称为"亲亲乌拉"，而将雪少的山脉称作"莫钦乌拉"。[3]这种以冰雪储量来区分山地的命名方式充分说明了山地游牧生计与冰雪之间的密切关系。

▲ 图 3-3 蒙古国岩画中的游牧生活

[Petya V. Andreeva, Christopher P. Atwood, "Camp and audience scenes in late iron age rock drawings from Khawtsgait", *Archaeological Research in Asia*, 15 (2018): p. 103.]

1　Бисенбаев. А. К, Көне Түркілерлі А Ыздары, Алматы: АН–АРЫС, 2008, p.44.

2　（南朝宋）范晔：《后汉书》卷二《显宗孝明帝纪》，北京：中华书局，1965年，第122页。

3　林竞：《西北丛编》，哈尔滨：黑龙江教育出版社，2015年，第315–316页。

冰雪游牧群体生计

冬天的山间草原上厚厚的冰雪使植物的分布范围大为减小。天气严寒，不便于人畜活动。古代基马克人居住的阿尔泰北麓地区积雪竟然可以达到一支矛竖立起来的深度，他们不得不在冬季把牲畜赶往哈萨克丘陵一带的古斯人（Oghuz）牧区。[1] 在有冬季牧场的地区，牧民在冬季尚未降临时便已开始观察天气变化，适时地把牲畜从秋季牧场转移到更为温暖的冬季牧场。冬季牧场需要选择在避风且降雪较少的区域，因此山脉阳坡的山间谷地是冬天放牧的理想地点。[2] 冬季牧场最好有适量的冰雪存在，[3] 这样牲畜在冬天的草地上吃草时，就可以咀嚼一些冰雪以降低干燥寒冷带来的牲畜致病率。为了人畜的保暖，冬牧场会建有一些固定的建筑，那里经常能形成一定规模的固定聚落。

春季气温上升，大量融化的雪水在地势较低的地方汇集。此时，冬牧场渐渐变得干燥，牧草已难以维持放牧。不过，此时平地区域水量充足，温度上升，青草迅速返青变成了水草丰茂的草场。[4] 于是，牧民便赶着牛羊迁徙到位于平地的春季牧场。在春季牧场，牧民需要为正在分娩的牛羊接羔，并且还要赶在炎热的夏季到来之前为牲畜剪毛。羊羔和剪过毛的牲畜的生长都需要较温和的气候环境，春季牧场适宜的温度和水草正好满足了这些生产需求。春季牧场湿润温和的环境正好适于种植庄稼，牧民便在放牧之余，在合适的沼泽湿地播撒种

---

[1] 马卫集:《动物之自然属性》，薛宗正辑注:《突厥稀见史料辑成正史外突厥文献集萃》，乌鲁木齐：新疆人民出版社，2005 年，第 545 页。

[2] Igor V. Chechushkov, Iliya A. Valiakhmetov, William W. Fitzhugh, et al., "From adaptation to niche construction: Weather as a winter site selection factor in northern Mongolia, the Quebec Lower North Shore, and the southern Urals", *Journal of Anthropological Archaeology*, 61 (2021), pp. 1-15.

[3] Monika A. Tomaszewsk, Lan H. Nguyen, Geoffrey M. Henebry, "Land surface phenology in the highland pastures of montane Central Asia: Interactions with snow cover seasonality and terrain characteristics", *Remote Sensing of Environment*, 240 (2020), pp. 1-25.

[4] 麻赫穆德·喀什葛里:《突厥语大辞典》第一卷，校仲彝等译，北京：民族出版社，2002 年，第 291–292 页。

△ 图 3-4　冬牧场（王卫东 摄影）

▽ 图 3-5　天山夏季牧场（王卫东 摄影）

△ 图 3-6 夏季牧场上的聚会（王铁男 摄影）

子，待其自然生长。[1] 播种的植物以小麦、稷子等耐旱作物为主。[2]

夏天到来之后，平原和盆地渐趋干旱。此时的牧民需要寻找适宜的放牧地。盛夏的内陆地区，天气普遍干燥高温，但是在接近高山的区域，此时的热量使植被茂盛生长。[3] 有永久性冰雪覆盖的高山，尤其是夏牧场的优良选地，因为那里融化的冰雪为牧民和牲畜提供了充足的饮水。[4] 夏天，牧民严格按照不同牲畜的怀胎期，用人工手段避免牲畜的幼崽降生在冰天雪地的冬季。比如羊的怀胎期只有半年，所以他们在夏季，就用毛毡制成的口袋包裹住公羊的生殖器，避免母羊因交配而在冬天分娩。[5]

1　（清）方式济：《龙沙纪略》，上海：博古斋，1917 年，第 16—17 页。

2　（宋）欧阳修、宋祁：《新唐书》卷二百一十七《回鹘下》，北京：中华书局，1975 年，第 6147—6149 页。

3　陈祥军：《知识与生态：本土知识价值的再认识——以哈萨克游牧知识为例》，《开放时代》2012 年第 7 期。

4　Greta Jordan, Sven Goenster-Jordan, Gabriele-Johanna Lamparter, et al., "Water use in agro-pastoral livelihood systems within the Bulgan River watershed of the Altay Mountains, Western Mongolia", *Agriculture, Ecosystems and Environment*, 250 (2018), pp. 180-193.

5　（明）萧大亨：《夷俗记》，北京：中华书局，1991 年，第 11 页。

秋季到来后，草原上降水逐渐增多，气温开始下降，地形较高的地方易形成降雪。而此时的平地亦会时有降雨，水量和热量条件都适合放牧。在高山牧场的连续降雪之后，牧民就赶着牧群下撤到平原地区的春秋牧场。[1] 这个季节，牧民要完成牲畜的配种等工作，需要相对温暖的地方，春秋牧场正好满足了这一要求。此时，牧民一方面需要在正常放牧之外完成牲畜配种工作，另一方面还得算计和储备牲畜过冬的草料。此外，春天种下的粮食也进入了收割期，牧民需要很好地加工和储存它们作为过冬的物资。[2] 一些需要宰杀和售卖的牲畜也会在这一时期处理，宰杀的牲畜用风干、熏制等手段制作成冬天可以食用的肉干。

冬季降临之前，牧民便再次迁徙到冬牧场。冬季的牧民居所叫冬窝子，那里由一定的牧场、牲畜圈舍和供人居住的土石房子（在采石不便的地方牧民仍住毡房）组成。石头房子很厚的墙体可以有效隔绝冷空气以保暖。冬天牧民用厚厚的毛毡包裹木架结构的毡房，可以很好地把暖空气留在室内。毡房天窗上方设置有一块用绳子拉动以调整方向的毡布，牧民在不同时间段调整毡布的方向以使太阳光很好地照进毡房，实现最大程度的采光保暖。降雪时，则把毡布全部展开盖住天窗，使室内免受雨雪天气的影响。大部分毡房门朝向东方和东南方开放，[3] 可以有效避免冬季风带来的风雪影响。羊圈一般由石头筑成，牧民在冬牧场有固定使用的羊圈，以便积累牲畜粪便。厚厚的羊粪可以有效隔绝地表温度，可使羊在冬天不致冻毙。这些保暖措施的发明和使用都是牧民应对冬季冰雪环境的文化产物。

夏季是一年中牧民生活最为安逸的时期。这个季节他们居住在高山牧场，山地的永久冰雪带为他们提供了稳定的水源。这一时期，人民生活物资相对丰富，牧场间的交通也较少阻隔；因此，夏季是一年

---

1 陈祥军主编：《杨廷瑞"游牧论"文集》，北京：社会科学文献出版社，2015年，第38页。
2 （宋）欧阳修、宋祁：《新唐书》卷二百一十七《回鹘下》，北京：中华书局，1975年，第6147—6149页；（清）方式济：《龙沙纪略》，上海：博古斋，1917年，第16—17页。
3 （明）萧大亨：《夷俗记》，北京：中华书局，1991年，第8页。

△ 图 3-7 天山地区（巴里坤）哈萨克族的毡房（仁庆苏布德 摄影）

△ 图 3-8 冬牧场的羊圈（王卫东 摄影）

中最适合开展礼仪活动的季节。直至今天，哈萨克、柯尔克孜等山地游牧人群的婚礼、割礼等人生礼仪都较集中于夏季牧场举行。至于冬季，草原千里冰封，大雪塞途。牧民受生计活动的限制只能在较小范围内活动，甚至草原上敌对势力间的军事活动都很少在冬天进行。[1]

冬季冰雪覆盖，牧民的生产活动减少。但是，即便在冬季，也经常有冰雪地中的外出活动，人们仍须做好必要防护。13世纪的蒙古牧民中，流行一种用狼皮或狐狸皮做成的毛露在外边的皮袄，这种皮袄可以有效地将风雪挡在外面以达到保暖效果。[2] 明代阴山地区牧民的冬衣，可以在冬天寒冷的夜晚当睡袋用，这种冬衣可以使牧民在雪层达到几尺厚的雪地里安然度过一晚。[3] 冬天的白昼，雪地反射的强烈太阳光会对眼睛造成伤害。在许多古代突厥部落中流行着一种用马毛编织成的网状眼罩"库兹卢克（Kuzluk）"，戴上它在雪地里行走可以很好地保护眼睛。[4] 清代哈萨克人有一种叫作"突马克"的加皮帔高帽，

▼ 图 3-9
哈萨克牧民的传统冬帽
（张耀东 摄影）

---

[1] 麻赫穆德·喀什葛里：《突厥语大辞典》第二卷，校仲彝等译，北京：民族出版社，2002年，第206–207页。

[2] ［法］鲁布鲁克：《鲁布鲁克东方行记》，余大钧、蔡志纯译，呼和浩特：内蒙古大学出版社，2009年，第164页。

[3] （明）萧大亨：《夷俗记》，北京：中华书局，1991年，第8页。

[4] 麻赫穆德·喀什葛里：《突厥语大辞典》第一卷，校仲彝等译，北京：民族出版社，2002年，第504页。

▲ 图3-10 吐鲁番阿斯塔纳墓出土的铜眼罩
(《西域文物图考》编委会:《西域文物图考》,乌鲁木齐:新疆文化出版社,2016年,第487页。)

由貂狐皮或羊皮做成,戴的时候只把眼睛和嘴露在外边。[1]这种帽子至今仍被天山地区和阿尔泰山地区的哈萨克人使用,它既可以使人在野外活动时避免风雪的迎面袭击,帽后的披肩也可以避免背后袭来的风雪进入颈背部。

冬季的牧民饮食主要以肉食为主,这些食肉大部分是在秋冬之际宰杀牲畜储存下来的。古代阿尔泰地区生活的寄蔑人整个冬季都在食用储存下来的肉干。[2]由于抵抗寒冷的需要,牧民对肉食有着非常细致的食性分类。经过长期的生活实践,牧民总结出了食用哪些食物可以防寒,食用哪些食物容易生凉等经验。居住在天山和阿尔泰山地区的哈萨克人至今仍遵循着冬季食马肉和骆驼肉等热性食物的古老饮食习惯,以度过冰冻严寒的冬天。在羊肉中,绵羊肉相对较温热,但山羊肉被认为较寒冷。此外,牧民认为生活在雪地中的动物具有很强的热性,可以抵御寒冷。据此,清代乌里雅苏台一带的蒙古人形成了在冬季捕食雪地里穴居的"雪鸽子""冰雀"等禽类以治疗病症的食疗经验。[3]

---

1 王树枏:《新疆礼俗志》,陶庐书业,1918年,第17页。

2 [匈牙利]马尔丁奈兹:《迦尔迪齐论突厥》,杨富学译,《朔方论丛》第4辑,呼和浩特:内蒙古大学出版社,2015年。

3 (清)佚名:《乌里雅苏台志略》,台北:成文出版社,1968年,第71页。

图 3-11　冬季雪地娱乐活动之雪地叼羊
（张耀东　摄影）

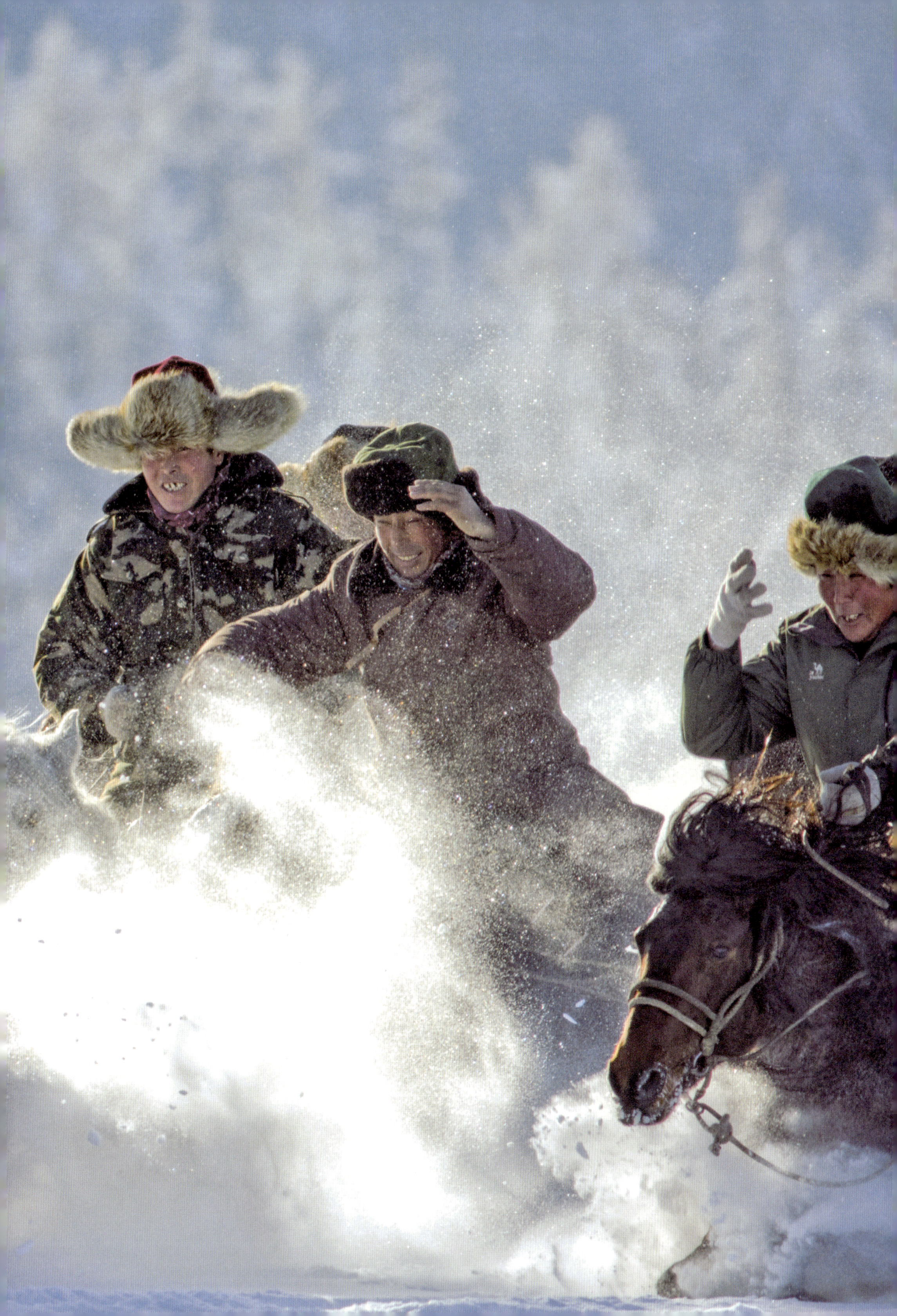

冬季游牧民较为固定且集聚的居住形态为牧民之间的相互联系提供了方便。因此，古代游牧人群冬季的社会活动非常多。在古代的突厥语游牧人群中有一种专在冬天频繁举行的聚会"苏格迪季"（Sughdij）。[1]直至今天，哈萨克等民族仍然保持了举行"冬宰"宴会的习俗，在长达一两个月的时间内相互宴请亲朋和同氏族的人聚会。伴随聚会的开展，雪地叼羊、赛马和集体围猎等冬季雪地娱乐活动也频繁展开。古代以"阿吾勒"（Aüïl）家庭或氏族为单位进行放牧的时代，这种聚会和娱乐活动还具有联合氏族部落人群的功能。

内陆草原地区，夏季牧场附近容易形成古代游牧人群社会活动的中心；而冬季牧场附近则因其较为固定的原因，而更容易形成游牧部落的政治中心。古代的匈奴人每年夏天去往龙城祭祀天地、祖先和鬼神，而冬天各部首领则去往冬季牧场一带的单于庭聚集，并参与单于主持的祭祀活动。[2]突厥汗国时期的古突厥人则于每年夏季聚集在"他人水"一带祭祀神灵，此外，他们每年还会前往祖先的发源地开展祭祀活动。[3]从他们祭祀的地点"窟"来看，那里也应是一种适于冬季居住的山地场所，冬季牧场确实具有某种联合氏族部落的功能。与冬季的社会活动不同的是，夏季祭祀神灵的活动没有冰雪环境对交通的阻隔，而变成了一种普通民众共同参与的宗教活动式的联欢。古代文献多用"大会""集"等词汇描述夏季集会的相关活动，可以看出夏季集会的规模较大。

这些季节性社会活动的举办必定会带来"社会关系密度"的时间分布格局。受冰雪环境季节性变化的影响，山地游牧区域形成的游牧汗国常有移动的季节性政治中心模式，不过冬季牧场具有更稳定的政治中心特征。可萨人（Khazar）"冬居城，夏天游牧沙漠"[4]、乌孙国

---

[1] 麻赫穆德·喀什葛里：《突厥语大辞典》第一卷，校仲彝等译，北京：民族出版社，2002年，第480页。

[2] （汉）司马迁：《史记》卷一百《匈奴列传》，北京：中华书局，1959年，第2892页。

[3] （唐）令狐德棻：《周书》卷五十《突厥传》，北京：中华书局，1971年，第910页。

[4] 马卫集：《动物之自然属性》，薛宗正辑注：《突厥稀见史料辑成正史外突厥文献集萃》，乌鲁木齐：新疆人民出版社，2005年，第546页。

△ 图 3-12
在冬牧场的牲畜
（王铁男 摄影）

"治赤谷城"[1]、天山西部和帕米尔高原一带生活的嚈哒人"其王巡历而行，冬寒之时三月不徙"[2]。南下罽宾地区建立政权的突厥人将这种基于季节变化的游牧政治模式带到了南亚地区，史载"此国（罽宾国）土人是胡，王及兵马突厥，此王夏在罽宾，逐凉而座，冬住健陀罗，趋暖而住"[3]。可知，在有山地游牧的地区，其社会关系密度的季节性变化最终作用于政治中心季节性设置的形成。这一现象可称得上是古代游牧冰雪文化在政治领域内的独特表现。

此外，冰雪还会通过对游牧生计的影响而间接对游牧政权造成负面的冲击。适量的降雪在干旱草原地带有利于游牧生计的开展，而不稳定的降雪则会对游牧业造成打击。游牧生计中的"黑灾"和"白灾"都直接与降雪量有关。黑灾降临时，冬天天气异常干旱，降雪稀少，冬季牧场因缺水而使人畜干渴致死。第二年春夏季节，草原因缺乏积雪融水，而水源更加紧张。此外，因为空气更加干燥的原因，草原上瘟疫和虫害盛行，对游牧生计的打击非常巨大，且短时间之内

---

1 （汉）班固：《汉书》卷九十六《西域传下·乌孙》，北京：中华书局，1964年，第3901页。

2 （北齐）魏收：《魏书》卷一百二《西域》，北京：中华书局，1974年，第2279页。

3 （唐）慧超：《往五天竺国传》，北京：中华书局，2005年，第88–91页。

难以恢复。因此，游牧民素有"白灾之害只一季，黑灾之害得两年"的说法。[1]白灾虽然影响时间短，但却可以迅速对游牧生计造成重大打击。白灾降临的年份冬季降雪异常多，厚厚的冰雪导致牲畜难以在雪层中觅食。而暴风雪更会使大量牲畜在短时间内被集体冻死，造成很大损失。[2]

汉武帝派李广利西伐大宛的那一年（公元前105年）冬天，蒙古草原下了很大的雪，牲畜被大量冻饿致死。[3]匈奴的力量因此大受损耗，直接导致匈奴无法对抗汉朝的远征，原本决定对李广利大军回程时的袭击也未能成行。[4]公元前72年冬天，匈奴西部草原又发生暴风雪，一天之内积雪就超过一丈多，西征乌孙回归途中的匈奴人损失惨重，能平安回来的人数不足一成。[5]匈奴的四邻旧敌，乘机从不同方向打击匈奴，使匈奴受到严重创伤。雄霸草原的匈奴游牧民从此走向衰落，再也没有兴盛起来。公元708年，唐朝大将郭元振于夏天访问天山地区的突骑施汗国时，与该国可汗乌质勒在帐外谈话，正值风雪突然袭来。霎时间，一代枭雄乌质勒竟被冻死在风雪中，这一事件直接导致了突奇施汗国的分崩离析。[6]开成四年（839年），正在遭受黠戛斯人威胁的回鹘汗国接连遭受"黑灾"和"白灾"，先遭遇饥荒和瘟疫，后遭遇雪灾，牲畜大量死亡。致使与唐朝联盟的回鹘汗国，未能与唐朝及时建立联系，被黠戛斯军队突袭竟致一战亡国。[7]由此可见，冰雪天气对于游牧部落命运的巨大影响。

---

[1] 陈祥军主编：《杨廷瑞"游牧论"文集》，北京：社会科学文献出版社，2015年，第48页。

[2] 陈祥军主编：《杨廷瑞"游牧论"文集》，北京：社会科学文献出版社，2015年，第48页。

[3] （汉）司马迁：《史记》卷一百《匈奴列传》，北京：中华书局，1959年，第2915页。

[4] （汉）司马迁：《史记》卷一百《匈奴列传》，北京：中华书局，1959年，第2917页。

[5] （汉）班固：《汉书》，北京：中华书局，1964年，第3787页。

[6] （后晋）刘昫：《旧唐书》卷一百九十四《突厥下》，北京：中华书局，1975年，第5190页；（后晋）刘昫：《旧唐书》卷九十七《列传第四十七·郭元振》，北京：中华书局，1975年，第3045页。

[7] （宋）欧阳修、宋祁：《新唐书》卷二百一十七《回鹘下》，北京：中华书局，1975年，第6130页。

▲ 图 3-13 匈奴跪拜天山
（王卫东根据《后汉书》记载绘制）

由于冰雪对游牧民命运具有正负两方面的影响，所以牧民对冰雪抱有既害怕又喜欢的态度，这一态度也体现在了他们有关冰雪的信仰观念和宗教实践中。古代突厥游牧民认为水是人类世界得以维持的重要条件，它和人的灵魂是联系在一起的。因此，他们认为水的消长代表灵魂的生灭。在突厥人看来，来源于冰山而消失于平地的河流可以贯穿天上、人间和冥府三界，而世界的中心就位于覆盖有积雪的山顶。[1]据说那里直达天界，掌管水和人类灵魂的女神捷尔苏（Jer-su）就住在有冰雪覆盖的高山山顶。[2]可能正是这个原因，古代的匈奴人每次路过常年冰雪覆盖的天山，都必然下马跪拜。[3]

事实上，天山在古代并非某座山的专有名称，而似乎可以指代一切山顶覆盖永久积雪的山体。大概也是这个原因，古代汉文史籍中才出现将祁连山和天山等众多高山都记录为天山的情况。[4]在古代突厥人的神灵体系中，捷尔苏是地位仅次于天神腾格里及其妻子乌玛伊（Umai）的神灵。虽然，有时候天神腾格里会因人间的罪恶而派遣捷尔苏给人间带来雪灾，但大部分场合，捷尔苏都被认为是善神。[5]捷尔苏女神的祭祀场所需要选择在有雪的高山处，如果没有这样的山，则可选择境内最高的山峰作为祭祀地点。[6]

---

[1] Бисенбаев. А. К, Көне Түркілерлі А Ыздары, Алматы: АН-АРЫС, 2008, p.46.

[2] Бисенбаев. А. К, Көне Түркілерлі А Ыздары, Алматы: АН-АРЫС, 2008, p.18.

[3] （南朝宋）范晔：《后汉书》卷二《显宗孝明帝纪》，北京：中华书局，1965年，第122页。

[4] （汉）司马迁：《史记》卷一百九《李将军列传》，北京：中华书局，1959年，第2878页。

[5] Бисенбаев. А. К, Көне Түркілерлі А Ыздары, Алматы: АН-АРЫС, 2008, p.19.

[6] Бисенбаев. А. К, Көне Түркілерлі А Ыздары, Алматы: АН-АРЫС, 2008, p.19.

△ 图 3-14　博格达峰（王铁男　摄影）

△ 图3-15 巴里坤县东黑沟一处古代游牧民祭祀遗址（王卫东 摄影）

突厥人还把捷尔苏当作新生之神，于每年春天牲畜分娩及播种开始时节进行祭祀。庄稼收获和预备宰牲过冬的秋季，也是祭祀捷尔苏的时节。[1] 这两个季节正是牧民转场到平地牧场的时节。这两个季节，牧民在牧场上见证了冰雪融水径流消失于地下的过程。因此，这种地方也被看作是接近死亡入口的地方。[2] 史书记载突厥人"……择日取死者所乘马及经服用之物，并尸俱焚之，收其余灰。待时而葬。春夏死者，待草木黄落，秋冬死者，候华叶荣茂，然后始坎而瘗之"，[3] 大概正是因为平地雪水的消失能唤起人们关于死亡的印象，古代突厥人才将葬礼安排在春天和秋天。在葬礼举行的日子，突厥部落男女都盛装参加聚会，如果男女青年相互爱慕就可以于此时私下聘订婚约，父母并不反对。[4] 结合古代史料关于众多突厥语部落先"私通"后纳聘的记载可推断，这种聚会很有可能具有某种社会认可的仪式性男女交往的残余色彩。如果说这种聚会属于祭祀捷尔苏女神的仪式的一部分，则它就可能有明显的期望逝去的生命获得新生的仪式内涵。这一仪式设置的背后，实际上所呈现的是古代游牧人群基于冰雪融水象征生命的宇宙观。

　　古代游牧人群对稳定的永久性高山积雪形成了正向的宗教态度，而对不稳定的季节性降雪则形成了一种矛盾的、更接近于巫术的超自然思维。虽然，不合时宜的降雪有时被认为是天神腾格里的惩罚，但是大部分时候牧民更倾向认为灾难来自敌对力量的诅咒和报复。公元前89年，汉朝将军李广利在被迫投降匈奴后很受重用，遭到同为汉朝降将的卫律的嫉妒。于是，卫律借故挑拨单于杀掉李广利以献祭。李广利临死前深深诅咒道"我死必灭匈奴"。李广利死后匈奴草原果然连续下了几个月的大雪，导致人畜大量死亡，庄稼不能成熟。当

1　Бисенбаев А. К., Көне Түркілерлі А Ыздары, Алматы: АН–АРЫС, 2008, pp. 18–19.

2　Бисенбаев А. К., Көне Түркілерлі А Ыздары, Алматы: АН–АРЫС, 2008, p. 46.

3　（唐）令狐德棻：《周书》卷五十《突厥传》，北京：中华书局，1971年，第910页。

4　（唐）令狐德棻：《周书》卷五十《突厥传》，北京：中华书局，1971年，第910页。

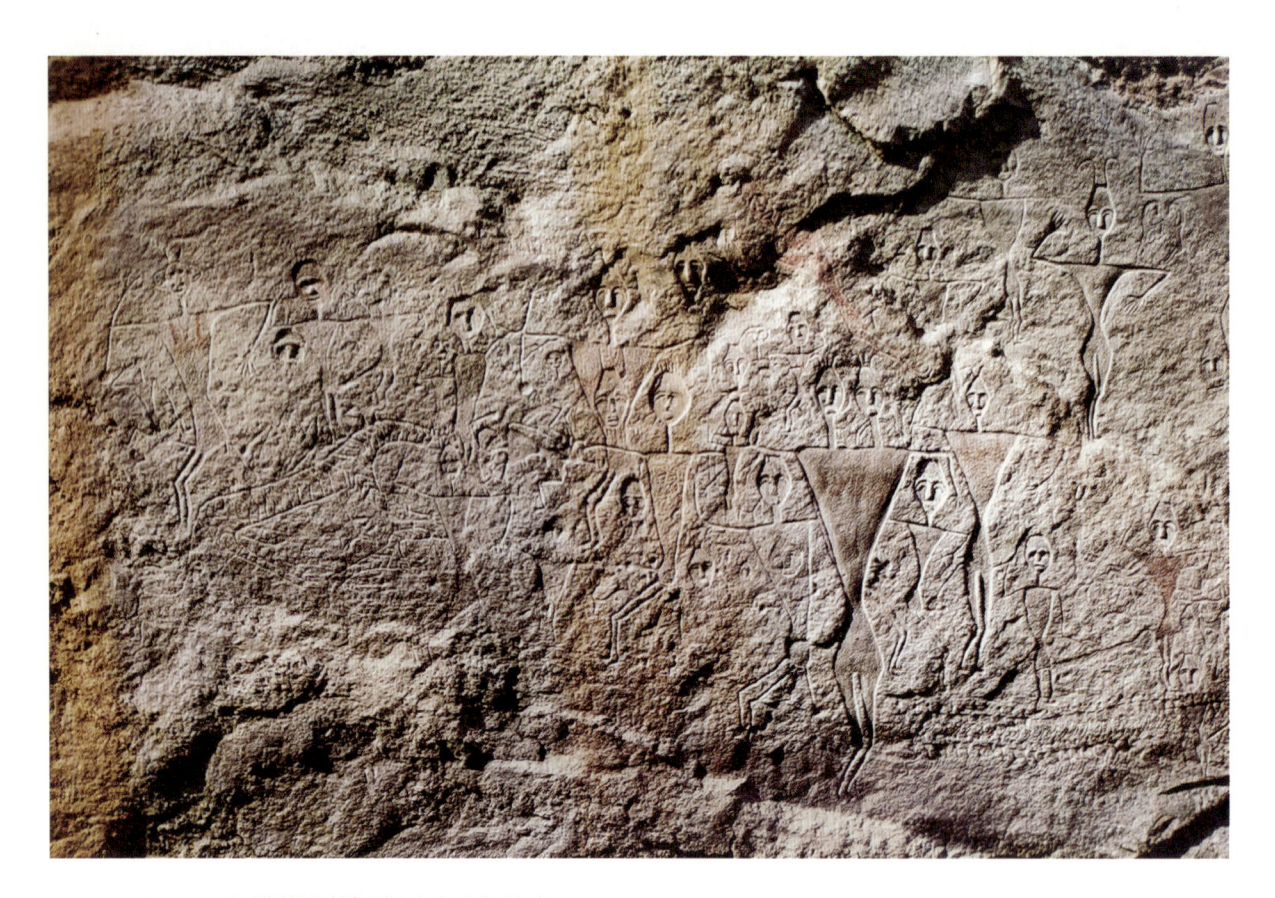

△ 图 3-16　大型裸体女性舞蹈聚会岩画（局部）

（李毅峰：《西域美术全集 1·岩画卷》，天津：天津人民美术出版社，2016 年，第 197 页）

时，这场大雪便被单于认为是李广利诅咒的结果。[1] 古代草原各游牧势力之间也经常借助萨满（Shaman）的神力来给敌对方造成冰雪灾害。控制天气的古老巫术叫作亚达（Yada），操演控制天气巫术的巫师则被称为亚达奇（Yadachi），这一角色一般由萨满担任。他们利用人的颅骨以及在猪、马等动物体内发现的结石等物质作为亚达石（Yadatas，祈祷雨雪的巫术工具）作法，能够在盛夏季节带来暴风雪，给敌人造成打击。[2] 史载南北朝时期，西域游牧部落悦般人在与柔然人的战争中，便曾使用这种法术，令柔然军队溃不成军，仅被冻死的人数就高达二三成。[3]

▷ 图 3-17　萨满

（包海波　摄影）

---

[1]（汉）班固：《汉书》卷九十四《匈奴传》，北京：中华书局，1964 年，第 3781 页。

[2] Бисенбаев А. К., Көне Түркілерлі А Ыздары, Алматы: АН–АРЫС, 2008, pp. 79–80.

[3]（唐）李延寿：《北史》卷九十七《西域》，北京：中华书局，1974 年，第 3220 页。

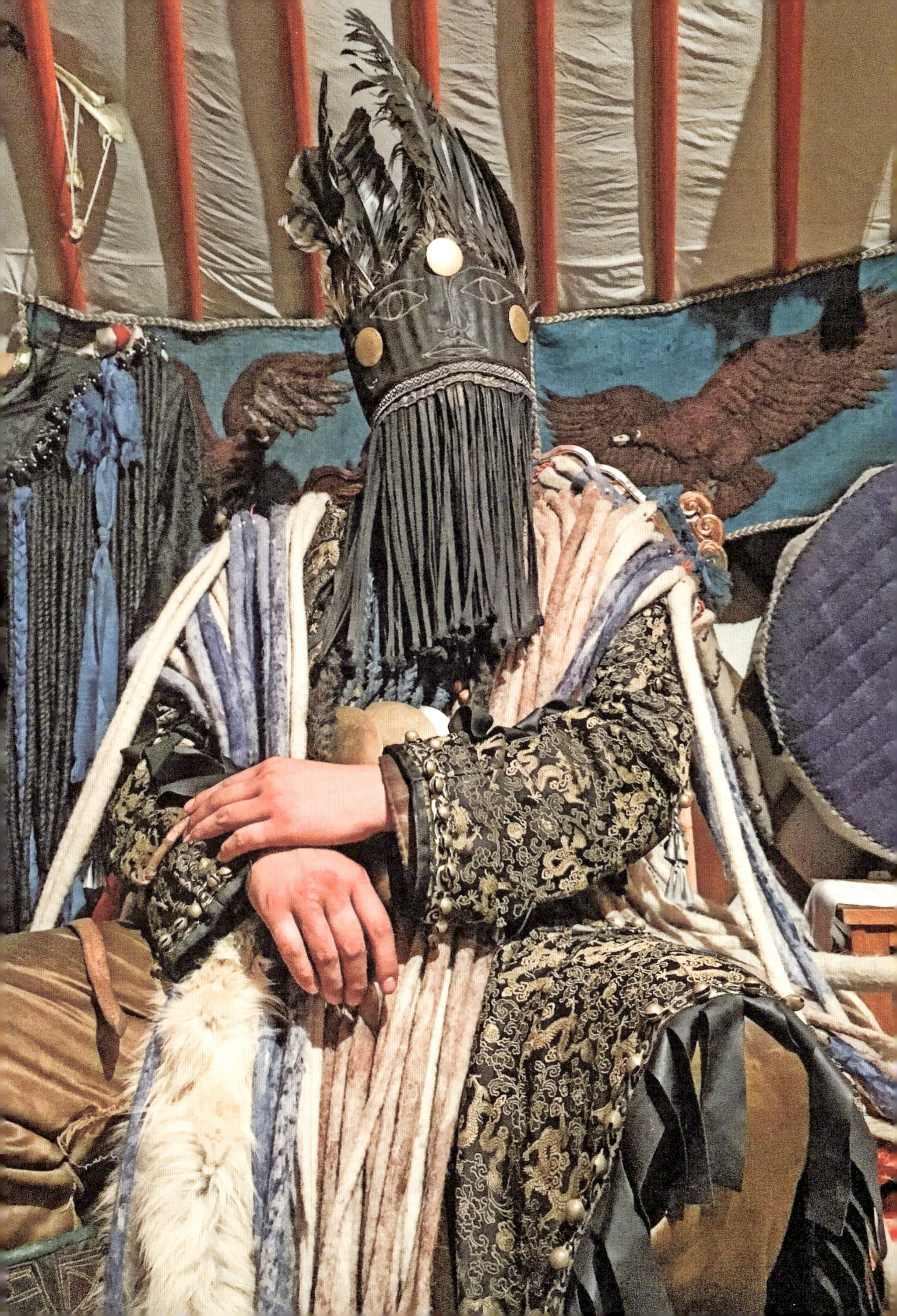

▲ 图3-18
毛拉咒经下劄答图
（王卫东根据《新疆礼俗志》记载绘制）

　　干旱的冬季，降雪稀少时，部落民众也会请萨满来作法降一场雪。迁居天山地区并皈依了伊斯兰教的布鲁特人（清代对柯尔克孜人的称呼）把古老的亚达巫术整合到了伊斯兰教的信仰中，而此时亚达奇的人选也转变为由伊斯兰教的毛拉来担任。清代史料记载："其（布鲁特人）牛羊重雪水，饮不雪，则延毛拉咒经。以绳素龟壳一、活蛤蟆一，悬净水上咒之。龟背浸浸见水珠点，顷刻即雪。谓之下劄答。"[1] 同样，信奉藏传佛教的厄鲁特、土尔扈特等蒙古牧民也经常请喇嘛施展劄答巫术以求雪。[2] 可见这种古老的巫术在古代游牧民生活中具有强大的生命力。

1　王树枏：《新疆礼俗志》，陶庐书业，1918年，第13页。

2　（清）长白七十一椿园：《西域记》卷七，清嘉庆味经堂藏本，第9页。

小结

古代北方游牧人群的游牧型冰雪文化，是游牧民在开展游牧生计的过程中与草原戈壁地区自然环境互动交融而形成的一种冰雪文化体系。这套文化体系不只影响着牧民生命活动中所需的物质资源获取活动，而且影响着游牧人群的社会组织行为和宗教意识形态。除此之外，这种文化体系还是牧民生活于其中的宇宙的组成部分，它深刻影响着草原牧民对生命的思考和实践，也构成古代游牧民生命历程的一部分。

表2 游牧人群的冰雪文化元素

区域	人群	生计类型	冰雪文化元素	所见典籍
阴山山脉	14-16世纪蒙古	游牧	避免冰雪冻伤牲畜幼崽的方法、可以当睡袋的冬衣	《夷俗记》
杭爱山脉	前3世纪到3世纪匈奴	游牧	雪山崇拜、冰雪巫术、	《后汉书》卷二
	6-8世纪突厥	游牧	雪山崇拜、冰雪巫术、雪山女神祭祀	Ancient Turkic Maths
	7-9世纪回鹘	游牧	锐顶卷耳帽	《新唐书》卷二百一十七
	13世纪蒙古	游牧	避雪皮衣	《鲁布鲁克东方行记》
	13-19世纪蒙古	游牧	基于雪量多少来分类山地、利用雪中飞禽治疗疾病	《西北丛编》《乌里雅苏台志略》

(续表)

区域	人群	生计类型	冰雪文化元素	所见典籍
萨彦岭	8-10世纪黠戛斯人	游牧	锐顶卷耳帽	《新唐书》卷二百一十七
阿尔泰山	11世纪基马克人	游牧	出于避雪的冬牧场选择	马卫集《动物之自然属性》
阿尔泰山	11世纪阿尔泰寄蔑人	游牧	利用冰雪环境储藏冬肉	《迦尔迪齐论突厥》
阿尔泰山	19世纪哈萨克人	游牧	防风雪的冬帽"突马克"	《新疆礼俗记》
天山地区	前2世纪乌孙人	游牧	基于冰雪变化的政治中心	《史记》
天山地区	5世纪天山地区悦般人	游牧	祈雪巫术	《北史》
天山地区	6-11世纪天山一带的游牧民	游牧	雪地出行防护眼睛的眼罩	《突厥语大词典》
天山地区	19世纪布鲁特人	游牧	劄答求雪巫术	《新疆礼俗志》
天山地区	18世纪厄鲁特、土尔扈特蒙古	游牧	劄答巫术	《西域记》
乌拉尔山脉	11世纪可萨人	游牧	基于冰雪变化的居住选择	马卫集《动物之自然属性》
帕米尔-兴都库什地区	5-6世纪厌达人	游牧	基于冰雪变化的政治中心	《魏书》卷一百二十
帕米尔-兴都库什地区	8世纪罽宾地区突厥人	游牧	基于冰雪变化的政治中心	《往五天竺国传》

第四章
农耕与冰雪文化

农耕冰雪环境

农业是欧亚大陆北方古代人群的三种重要生计方式之一,它比狩猎和游牧生计具有更高的生产稳定性。欧亚大陆北部最适宜发展农业的区域位于北纬40度附近的湿润平原地带,如东南欧的黑海沿岸平原、中国的东北和华北平原等地区,但与冰雪环境密切相关的农耕生计则主要存在于亚洲内陆地区干旱的沙漠绿洲。[1] 干旱绿洲的农业生产更容易受冰雪的影响,这主要是因为冰雪融水是该地区主要的农业生产用水的缘故。[2] 这一地区的冰雪并不丰富,有的地带甚至几乎没有降雪,这里冰雪文化的形成与附近高山地区的冰川积雪相关。如果没有高山积雪融水的灌溉,绿洲就会消失,这一地区的生命活动也就不能

---

[1] 张同铸:《世界农业地理总论》,北京:商务印书馆,2000年,第27–37页。

[2] (清)袁大化总裁,王树枏、王学曾总纂:《新疆图志》,上海:上海古籍出版社,第1112页。

图 4-1 慕士塔格冰川（王铁男 摄影）

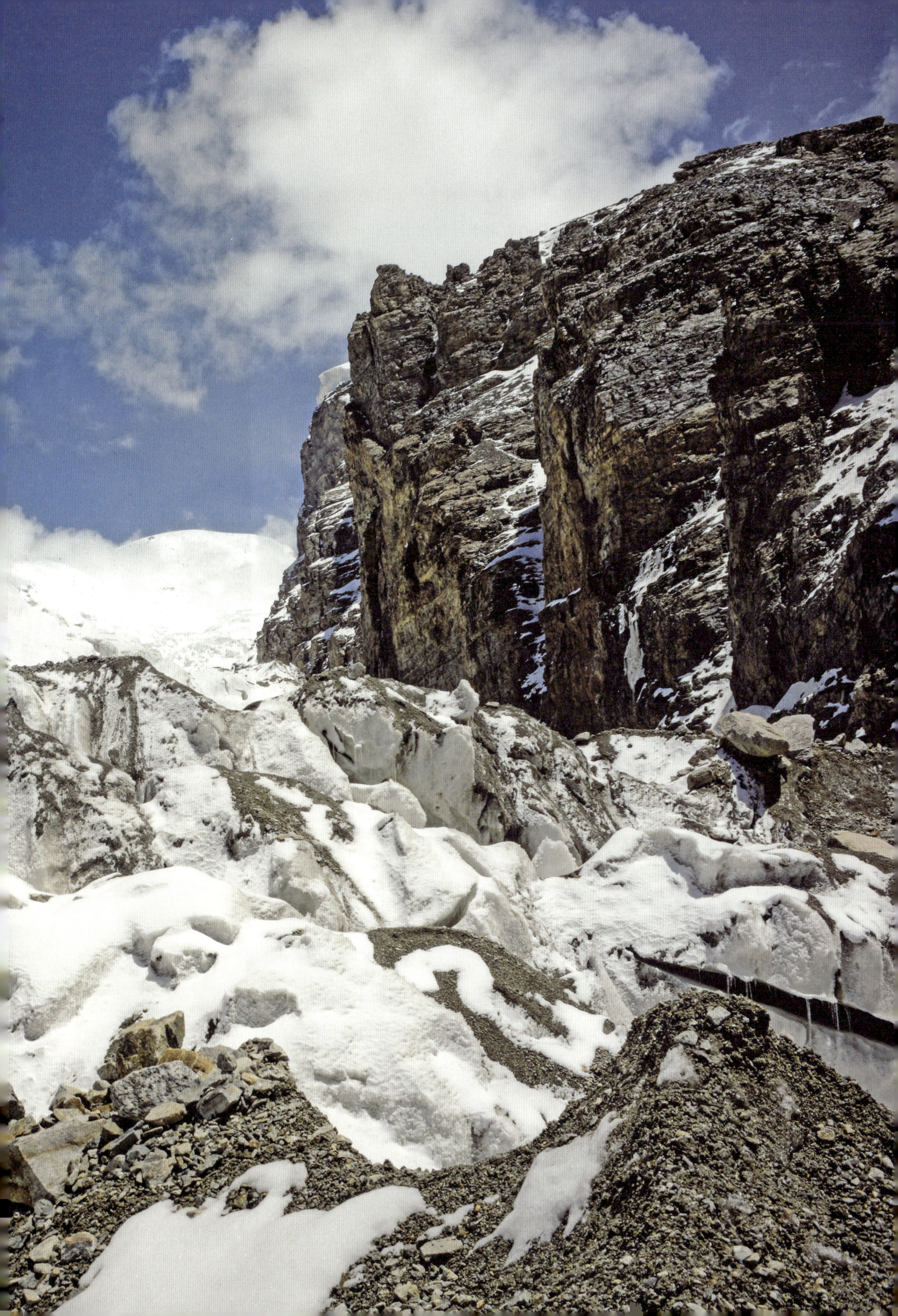

存在。[1]因此，可以说，冰雪在这一地区是一种关乎生命源泉的存在。基于这一事实，我们关于北方人群的农耕生计与冰雪文化的讨论主要聚焦于内陆亚洲的干旱绿洲地区。

亚洲腹地沙漠广布，帕米尔高原西侧到里海沿岸有卡拉库姆大沙漠；帕米尔东侧到鄂尔多斯高原一带分布有塔克拉玛干、库木塔格、巴丹吉林和腾格里等沙漠；天山北麓有古尔班通古特、莫因库姆和克孜勒库姆沙漠。沙漠土壤并不贫瘠，只因缺乏水分才不适合植被生长。因此沙漠中有水的地方，总能发现适合发展农业的条件。[2]环绕亚洲内陆沙漠区域的祁连山脉、天山山脉、昆仑山脉以及帕米尔高原等山地的积雪蕴含着丰富的水资源。山间积雪在炎热的夏季融化并形成地表径流，从而发育了流向沙漠的河流。祁连山脉发育了石羊河、黑河和疏勒河等河流；昆仑山北坡发育了车尔臣河、尼雅河、玉龙喀什河、喀拉喀什河和叶尔羌河等河流；帕米尔高原东侧发育了盖孜河、喀什噶尔河等河流；天山南麓发育了阿克苏河、渭干河、开都河、孔雀河等河流，天山山脉和帕米尔高原的西侧则发育了锡尔河、泽拉夫善河和阿姆河等中亚地区的河流。以上河流经过的沙漠地区发育了良好的植被，形成了大大小小的绿洲，使沙漠中间形成了星星点点的绿洲农业聚落。

沙漠中河流沿岸的绿洲内部有比较多元的生态环境。接近山地的地方，因冰雪融水涵养的作用，一些地带会形成低矮的草地植被，从而具备一定的牧业生产条件。河流进入平原地区，因为水流的润泽和泥沙的堆积而形成肥沃的土壤，适合发展农业。在河流的下游地带，有些河流消失在茫茫荒漠之中，干涸的河床只有在丰水期才会有水流活动。那里生长一些耐旱耐碱的植被，一些干枯的植物可被用作柴

---

1 Zhang Hong, Wu Jian-Wei, Zheng Qiu-Hong, et al., "A preliminary study of oasis evolution in the Tarim Basin, Xinjiang, China", *Journal of Arid Environments*, 55 (2003): pp. 545–553.

2 ［日］松田寿男：《古代天山历史地理学研究》，陈俊谋译，北京：中央民族学院出版社，1987年，第4页。

△ 图 4-2　阿尔泰山下的农牧区（刘新海　摄影）

薪。有的河流在下游的低地形成一些湖泊或沼泽。如开都河下游的博斯腾湖、孔雀河下游的罗布泊以及锡尔河和阿姆河下游的咸海等。而一些河流下游的沼泽地带也是动物活动的天堂，如清代吐鲁番河的下游地带就活动有成群的野驴和野马等动物。[1] 在湿润的沼泽边上，绿洲的农民偶尔会在那里种"撞田"。

---

[1] （清）长白七十一椿园：《西域记》卷二，清嘉庆味经堂藏本，第2页。

灌溉农耕群体生计

绿洲居民对于冰雪融水的利用主要是通过修建水渠的方式实现的。即便是降水较为丰富的天山北麓地区，农业的发展也仍然依赖冰雪融水，[1] 内陆沙漠地区更加依赖冰雪融水灌溉。绿洲水利系统里面用来分水修渠的引水源头叫作"龙口"，又称阿利什（Alish）[2]，人们在那里把水引导进水渠系统的干渠中，然后再通过各分支水渠把水引到每一块田地中。[3] 绿洲农业赖以维持的水量不是恒定不变的。受气温季

◂ 图 4-3
中国北齐时的粟特人浮雕
（PHGCOM, photographed at the Musee Guimet, https://commons.wikimedia.org/w/index.php?curid=2211472）

---

1 （唐）杜环：《经行记笺注》，张一纯笺注，北京：中华书局，1963 年：第 44 页。
2 麻赫穆德·喀什葛里：《突厥语大辞典》第二卷，校仲彝等译，北京：民族出版社，2002 年，第 67 页。
3 （清）纪昀：《乌鲁木齐杂诗》，清刊本，第 2–3 页。

△ 图 4-4　叶尔羌河畔的绿洲城镇（王卫东　摄影）

节变化的影响，山上的积雪只有在盛夏时才会大量消融，而春冬之时则因气温较低而水量稀少。因此，在农业生产中，经常会出现春耕时没水或河水暴涨、积沙壅田的农业灾害。[1] 在古代，因为绿洲河流常发大水，且绿洲地区砂质的河道上不利建造水库以储水，绿洲农业对山地冰雪变化的依赖程度很大。

绿洲周边山地不恒定的冰雪消融水量，造成了绿洲农业生产的不稳定性。第一年冬天降雪稀少，第二年可供消融的冰雪就少，河流也因之少水，农业生产就会受到影响。[2] 即便前一年山上降雪较多，但如果第二年气温较低或者阴天比较多时，可以消融的雪水也将十分有限，农业生产仍会大受影响。因此，绿洲地区人民的生计并不能仅建立在农业的基础上。大部分绿洲地区都兼营农业和畜牧业，有的绿洲还发展了渔业等副业。[3] 即便如此，单个绿洲仍很难应对绿洲人口增长带来的资源压力。因此，绿洲地区必须依靠与其他绿洲间的物品交

1　（清）纪昀：《乌鲁木齐杂诗》，清刊本，第 6 页。
2　麻赫穆德·喀什噶里：《突厥语大辞典》第二卷，校仲彝等译，北京：民族出版社，2002 年，第 206–207 页。
3　（清）长白七十一椿园：《西域记》卷二，清嘉庆味经堂藏本，第 3–4 页。

换。[1]基于此，绿洲地区形成了"重商"的传统，天山-锡尔河以南的绿洲居民历史上向来以组织商业贸易著称，亚洲大陆的文化交流也在绿洲居民的长途贸易中得以维持。[2]绿洲农业生产的不稳定性和冰雪融水对农田范围扩展的限制，使得绿洲地区形成了以农业为主的复合生计结构。这种生计结构，实际上是绿洲地区的人类在利用冰雪融水以维持生命活动的过程中所形成的文化系统的一部分。

在缺少地上河流的绿洲地区，人们也通过生产实践发展出了一套利用冰雪融水的技术。焉耆盆地和库鲁克塔格以东以北的戈壁绿洲地上河流发育不明显。但是，来自绿洲附近雪山的冰雪融水仍滋润着戈壁滩中的各个井泉，为戈壁绿洲地区的农业生产提供了基本条件。古代在费尔干纳盆地生活的大宛人曾经并不掌握"穿井"技术，主要靠河流获取用水。[3]这与当地的地面水源优势有关，但也可能与沙地容易

▲ 图4-5　古代绿洲生活场景
（新疆吐鲁番哈拉和卓98号墓壁画，刘炜、段国强主编：《国宝·壁画》，济南：山东美术出版社，2012年，第61页）

1　[日]松田寿男：《古代天山历史地理学研究》，陈俊谋译，北京：中央民族学院出版社，1987年，第11页。
2　荣新江：《中古中国与粟特文明》，北京：生活·读书·新知三联书店，2014年。
3　（汉）司马迁：《史记》卷一百二十三《大宛列传》，北京：中华书局，1959年，第3177页。

渗漏、不易于储水的地质条件有一定关系。而在东天山一带的戈壁地区，地下水主要靠季节性冰雪融水补给，开凿好的井大多只能保障季节性地有水。清代乌鲁木齐地区开井的成本非常低，"每工价一金即得一井"，但是因为冬春季节冰雪不易融化，即便开挖得很深的井也会完全干涸，取水仍然需去城外的河流。[1]

吐鲁番一带的戈壁绿洲，冬天严寒风大，夏天酷热异常。因大风和炎热，这片戈壁绿洲的蒸发量很大，任何地表径流都有可能被快速蒸发。[2]甚至有一些水在还未形成地表径流前就被渗入地下。因此，在干旱的季节，这些地方自然无法经常"汲水河中"。古代绿洲居民结合当地的特殊自然条件，发明了挖掘竖井与开挖地下暗渠相结合的"坎儿井（Karez）"技术以有效利用来自天山的冰雪融水。[3]夏天，高山冰雪消融之后，一部分雪水会渗入地下形成地下暗流，最后在戈壁滩地势低洼的地方涌出。坎儿井灌溉技术的发明者，为有效利用地下水资源，通过修筑有坡度的地下暗渠，将渗入地下的冰雪融水收集了起来引导到需要灌溉的农田。[4]这一发明很好地避免了淡水资源的蒸发，保障了农业生产用水和居民生活用水的需要。

塔里木盆地的绿洲大致每年农历八月份以后进入霜冻期，大地直至来年四月份才解冻。农历八月份以后，农民需要在秋季庄稼收完之后、冬天河水结冰之前往地里浇灌一次"冬水"，[5]浇冬水主要是出于保墒的需要。沙漠绿洲地区春季异常干旱，蒸发量大，土壤中的水分容易流失。浇灌冬水除可以使土壤得到一定的水分补充外，还可以在土壤表层形成一层冻土层以有效隔绝水分，减少土壤中水分的蒸发。冬季土地冻结之后，冻土异常坚硬，有时甚至连铁锄都难以刨动。[6]因

---

1 （清）纪昀：《乌鲁木齐杂诗》，清刊本，第6页。

2 胡李荣等：《吐鲁番》，西安：三秦出版社，1987年，第9页，第12–13页。

3 董玉明等：《我国古代世界之首》，青岛：中国海洋大学出版社，2018年，第38页。

4 翟源静：《新疆坎儿井传统技艺研究与传承》，合肥：安徽科学技术出版社，2017年，第2页。

5 （清）长白七十一椿园：《西域记》卷七，清嘉庆味经堂版，第1–2页。

6 （清）萧雄：《西疆杂述诗》卷三，清时用斋丛刻本，第26页。

△ 图4-6 吐鲁番地区的坎儿井（王卫东 绘制）

此，整个冬天农民都较为清闲。不过，他们的神经并不能完全松弛下来。绿洲的农民在冬天特别关注气温的状况。太暖的冬天既不利于形成降雪，又容易加大水分蒸发。所以一个冷一点的冬天对于第二年的农业生产是有好处的。11世纪在塔里木盆地生活的古代人群习惯于通过十二生肖来预测物候，他们深信在猪年可以遇到寒冷而伴有丰富降雪的冬天。[1]但是，如果很不幸于其他年份遇到不冷的冬天，绿洲居民就会变得焦虑起来。在塔里木盆地和中亚两河流域的众多绿洲地区，流行着一种"祈寒"的习俗。每当冬天不冷的时候，绿洲的统治者就会组织这种祈寒的宗教仪式。参与祈寒的人光着身子，在固定的

---

[1] 麻赫穆德·喀什葛里：《突厥语大辞典》第一卷，校仲彝等译，北京：民族出版社，2002年，第366页。

▶ 图 4-7 绘有"祈寒舞"图案的舍利盒

（穆舜英主编：《中国新疆古代艺术》，乌鲁木齐：新疆美术摄影出版社，2014 年，第 81 页）

场合跳舞，其间会有人往他们身上泼水。[1]据说古代绿洲的农民曾用这样的办法使冬天的天气变得有利于他们来年的农业生产。

春天到来后，农民便要开始准备新一年的忙碌。庄稼的种植时间看大地的解冻状况而定。[2]有的年份气温暖和，冻土消融快，种地就可以早一些。此时，绿洲居民中会有人前往水源地查看当年的"雪情"，普通民众又一次开始关注影响冰雪融化的春季天气。如果春天阴天很多，甚至有些降雨，这一年就有可能会遭遇灾年。因为天阴降雨不但会使山上的冰雪难以融化，而且降雨还会使沙漠土壤中的盐分有机会侵入土壤，造成土地的盐碱化。一旦出现这种情况，田地里的

---

1 （后晋）刘昫：《旧唐书》卷一百九十八《西戎传》，北京：中华书局，1975 年，第 5310 页；（元）脱脱等：《宋史·高昌传》，北京：中华书局，1977 年，第 14111–14112 页。

2 王树枏：《新疆小正》，陶庐书业，1918 年，第 13 页。

禾苗就有可能被腐蚀。如果这一年的春天晴天多，或者最好还能有一点东风，这一年就可能是一个丰年。春季温暖的东风有利于加速山上冰雪的融化，这样既可以保障农业生产有比较丰沛的水量，又可以保障农作物有更长的生长期。[1] 春季的蒸发量很大，容易形成干旱灾害，有时候天气进入夏天还不是很热，那样就可能会遭遇更严重的旱灾。这主要是因为山上的冰雪得不到融化，水渠里面的水总是不够用的缘故。此时，绿洲更容易引起用水争端。[2] 正因为如此，民间才会形成统一管理分水的机构。历史上，分水机构往往构成绿洲政治权力运作的关键。[3] 由于经常协调用水过程中的纠纷，古代绿洲社会形成了更加注重契约和诉讼的文化。

夏季的绿洲农田里流淌着冰山上的雪水，庄稼可以有很好的长势。因为水量不稳定和水源有限，绿洲地区的作物大多以耐旱的大麦、小麦、高粱和青稞等作物为主。[4] 河道附近或者下游的沼泽地因河水的浸润而变得湿润，这些区域也会被绿洲农民开发为农田。那里的种植，一般采取粗放的经营，撒一把种子在泥土里，使其自然生长，能收获多少算多少。[5] 因为这种耕作的收获全靠撞运气，所以该种植方式也被称为"种撞田"。在一些水量较为充沛且能形成沼泽的绿洲，还可以种植水稻。阿克苏河下游和开都河下游一带就是古代著名的水稻产区。水稻一般要在立夏之后才能种，这时候山上的冰雪会得到很大的消融，水量可以满足水稻的种植和生长。但是，如果在冰雪消融不多的年份，沼泽地的水稻种植也可能无法进行。[6]

---

1 （清）袁大化总裁，王树枏、王学曾总纂：《新疆图志·实业一》，上海：上海古籍出版社，第288–289页。

2 王培华：《清代新疆的争水矛盾及其原因——以镇迪道、阿克苏道、喀什道为例》，《广东社会会科学》2011年第3期。

3 高亚滨：《绿洲社会的知识话语变迁与"现代化"》，《学术月刊》2017年第2期，第25–33页。

4 （清）袁大化总裁，王树枏、王学曾总纂：《新疆图志》，上海：上海古籍出版社，第1112页。

5 （清）萧雄：《西疆杂述诗》卷三，清时用斋丛刻本，第26页。

6 王树枏：《新疆礼俗志》，陶庐书业，1918年，第26页。

▲ 图 4-8
若羌县的绿洲沼泽
（王卫东 摄影）

绿洲无霜期比较短，秋季到来比较早，农历八月左右，大概就进入了收获期。此时，天气逐渐变得寒冷，树木经常会被霜击。这种对植物生长有损害的霜冻，被古代塔里木盆地的部分居民称为乌什克（ushik）。[1] 为了避免树木在寒冷的冬天被冻坏，需要采取一定的保暖措施。无花果和葡萄树之类不耐寒的树木，农民会把他们的树枝压低并深埋在沙土中，等第二年天气转暖后再挖出来。[2] 秋收之后，一年的农业耕作基本上结束。一年收成的好坏都会挑动人们的内心，人们会继续寄望于明年有更好的收成。这时候，人们再一次把影响收成的水源当作了关注对象。绿洲人民关注水源，崇拜水源，把作为绿洲水源的冰山当作重要的祭祀对象。围绕冰山水源的宗教活动在古代非常多见。清代，这些活动在有些地方由当地的伊斯兰教宗教人士担当。当

---

1 麻赫穆德·喀什葛里：《突厥语大辞典》第一卷，校仲彝等译，北京：民族出版社，2002年，第78页。

2 王树枬：《新疆礼俗志》，陶庐书业，1918年，第25页。

△ 图4-9 祭祀水源（王卫东根据《西疆杂叙诗》记载绘制）

△ 图4-10 马尔洋河（叶尔羌河支流）河源（王卫东 摄影）

时有一种叫作"海连达尔"的宗教人士,他们在每年秋天庄稼收获之后,挨家挨户地收集一些质量不怎么好的粮食。收集到后把它们加工成馕饼,然后带着馕饼前往冰山水源处举行祭祀活动,期望下一年能得到有利于农业生产的冰雪融水。[1]

冰雪融水是绿洲居民生活用水的主要来源,西域绿洲人群对于饮用水的认识也受到了冰雪的影响。冰雪融化成水,人们或在河流或在井泉等处取水。绿洲地区的人们认为,井泉中的水与河流中的水有很大不同。民众基于生活实践和经验,对水形成了独特的分类和相应的文化理念。塔里木盆地诸多绿洲的古代人群把水分为两大类。地表流动的河流水被称为"阿克苏"(Aqsu)或者"阳水",而井泉中或地下暗河中涌出的水则被称为"卡拉苏"(Karasu)或者"阴水"。因为这些水大部分都来自高山上的冰雪,所以他们大多"性寒"。绿洲居民认为,人如果长期喝冰雪融水,就会因胃受寒而患胃病。因此需要经常进食"热"的食物以调理。他们相信,粗制的茯茶是一种"热性"的饮料,所以特别热衷于饮茯茶,并认为喝茯茶可以化解长期饮用冰雪融水所造成的体内积寒。[2] 另外一种被认为可以去除积寒的饮料是用葡萄酿制的"烈酒",在古代干旱的西域绿洲地区,葡萄酒特别受欢迎。[3] 如大宛、康国、焉耆等绿洲都被史书记载为"俗嗜酒",比较富裕的家庭甚至会储存数十石的葡萄酒在自己家的地窖中,存放好几年都不会放坏。[4] 这足以说明,葡萄酒在西域一带的流行程度。这种葡萄酒流行的现象,极有可能与当地人长期饮用冰雪融水的生活习惯,以及冷热二元相对的哲学思维有关。

由此,西域绿洲居民对食物也有非常明确的"冷热性"划分,甚至当地的医疗哲学也建立在这样一种二元论的分类体系之上。沙子被认为是寒性的,所以绿洲居民经常把一些食物放在沙子中进行储存,

---

1 (清)萧雄:《西疆杂述诗》卷三,清时用斋丛刻本,第25页。

2 (清)纪昀:《乌鲁木齐杂诗》,清刊本,第15页。

3 (清)萧雄:《西疆杂述诗》卷三,清时用斋丛刻本,第39页。

4 (北齐)魏收:《魏书》卷一百二十《西域》,北京:中华书局,1974年,第2281页。

图4-11 烤肉图
（甘肃嘉峪关魏晋1号墓壁画，刘炜、段国强主编：《国宝·壁画》，济南：山东美术出版社，2012年，第33页）

能达到防止腐败的效果。13世纪塔里木盆地东南部车尔臣绿洲的农业人群，就非常擅长于在沙中保存粮食。[1] 西域绿洲地区居民经常吃的烤制食品被认为是热性的，可以用来抵御长期居住在沙漠中所受的寒气。高山雪地里生活的雪鸡、雪莲等动植物被认为是热性的，可以用来治"寒症"。[2] 甚至冻土中生活的一种寄生虫"雪蛆"，也被认为极具热性，被视为治疗寒症的良药。[3] 除了寒，热也被当作致病的源头。夏天的暑热被当作另一些病症的诱因，尤其被称之为"出痘"的天花，就经常出现在夏天。如果此类疾病暴发，居民们就会设法用凉的办法避免或化解。清代在塔里木盆地西部一带，如果遭遇天花之类疾病的高发期，人们就会前往非常冷的冰山地带居住以躲避。[4] 如此，根据寒热相应的逻辑，在冬天，如果有人中了煤烟之毒，也可以通过食用一种冰冻的梨而达到解毒的效果。[5] 这些与冰雪有关的医疗和饮食文化也是古代绿洲居民的冰雪文化重要的组成部分。

西域绿洲地区的夏天酷热难当，即便该季节不发生疾病，天气也会对人的生活造成不小的烦扰。古代西域的绿洲居民很早就发现，

---

1 ［意］马可·波罗：《马可·波罗游记》，余前帆译注，北京：中国书籍出版社，2009年，第96页。
2 （清）萧雄：《西疆杂述诗》卷四，清时用斋丛刻本，第3页。
3 （清）萧雄：《西疆杂述诗》卷四，清时用斋丛刻本，第3页。
4 （清）长白七十一椿园：《西域记》卷七，清嘉庆味经堂藏本，第17页。
5 （清）萧雄：《西疆杂述诗》卷三，清时用斋丛刻本，第42页。

▶ 图 4-12
乌帕尔巴扎的茯茶
（王卫东 摄影）

沙子具有很好的"寒性"特征。他们除在沙土中开挖地窖以保鲜食物外，还在沙地上开挖深坑，建造冰窖以储冰消暑。有些沙漠绿洲地区的冬季天气比较寒冷，地形较为开阔的河中地区冬季尤其严寒。在 14 世纪，河中地区阿姆河的中下游段会在冬天结冰长达五个月之久，冰上可供人行走。[1] 河畔阿勒卡特城的孩子们常于冬季在冰上滑冰嬉戏，而当地产的葡萄也在河中取冰冷冻而得以保存。[2] 绿洲地区的人们在冬天河水结冰时，常于河上采集冰块，古代中亚的突厥人会用一种特制的钩子"伊尔加格"（Irghagh）将冰拖回到冰窖中，留待夏天使用。[3] 冰在医疗、生产和生活中多有用处，所以古代绿洲居民非常注重藏冰。《魏书·西域记》中记载西域绿洲居民有"气候暑热、家自藏冰"的习俗。[4] 康国、焉耆等绿洲居民在家中窖藏葡萄酒数十石而能连年不坏，大概也与其掌握了制造冰窖的技术有关。古代的绿洲居民常于夏天利用储存的冰制作多种冰雪饮食。喀喇汗王朝时期，中亚各绿洲之间流传着一种叫作乌瓦（Uvā）的饮食，即一种将大米煮熟放

---

[1] ［摩洛哥］伊本·白图泰：《伊本·白图泰游记》，马金鹏译，北京：华文出版社，2015 年，第 214 页。

[2] ［摩洛哥］伊本·白图泰：《伊本·白图泰游记》，马金鹏译，北京：华文出版社，2015 年，第 216 页。

[3] 麻赫穆德·喀什葛里：《突厥语大辞典》第一卷，校仲彝等译，北京：民族出版社，2002 年，第 152 页。

[4] （北齐）魏收：《魏书》卷一百二十《西域》，北京：中华书局，1974 年，第 2271 页。

进凉水中,然后捞出加入砂糖和冰做成的清凉食品。[1] 此外,还有一种用冰、雪、粮食和各种佐料混合制成的饭食"勒图(Ltū)",用以败火。[2]

△ 图4-13
河上采冰及冰窖藏冰
(王卫东根据《突厥语大词典》《魏书》等记载绘制)

绿洲农业地区需要与城镇等商业集散点相连,形成农业物资与商贸交流一体化的农业生产整体环境。农业生产所必需的外向交流,使得绿洲社会发展出重商文化传统。内陆亚洲的许多绿洲都是重要的商业据点。这些绿洲居民不但在绿洲之间贩运,而且翻越雪山去往其他地方贸易。古代跨越帕米尔高原、沟通塔里木盆地诸绿洲、河中地区绿洲和北印度地区的商道以及跨越天山南北的商道,都是由绿洲居民开拓出来的。5世纪叶尔羌河沿岸到北印度地区的商路经过帕米尔高

---

[1] 麻赫穆德·喀什葛里:《突厥语大辞典》第一卷,校仲彝等译,北京:民族出版社,2002年,第97页。

[2] 麻赫穆德·喀什葛里:《突厥语大辞典》第三卷,校仲彝等译,北京:民族出版社,2002年,第233页。

▷ 图 4-14
商队攀登雪山图
（王卫东根据《高僧传》记载绘制）

原，那里"雪山悬崖壁立，无处安足，石壁皆有故戈孔处处相对。人各执四戈，先拨下戈，手攀上戈，辗转相待，三日方过"[1]。雪山冰峰间的道路非常险要，古代商旅把那些冰山视作危途，称之为"卡德尔伊尔"（Qadir yir）。[2] 位于塔里木盆地与费尔干纳盆地间商路上的喀拉牙勒阿达坂尤其险要，全年冰雪覆盖且十分陡峭，11世纪的商人中流行着一句著名俗语说"末日未临头，勿过喀喇牙勒阿达坂"，[3] 可见商人们对这些冰山商道的恐惧。这些冰山雪岭间的通道冬天通过太寒冷，夏天通过则容易遇到雪崩冰裂以及积雪融化所造成的沼泽之险，不少地方需要开凿冰磴、陟降攀援。[4]

---

1 （南北朝）释慧皎：《高僧传》卷三《昙无谶第七》，大正新增大藏经本。
2 麻赫穆德·喀什葛里：《突厥语大辞典》第一卷，校仲彝等译，北京：民族出版社，2002年，第381页。
3 麻赫穆德·喀什葛里：《突厥语大辞典》第三卷，校仲彝等译，北京：民族出版社，2002年，第29页。
4 （清）长白七十一椿园：《西域记》卷七，清嘉庆味经堂藏本，第12-13页。

第四章 农耕与冰雪文化

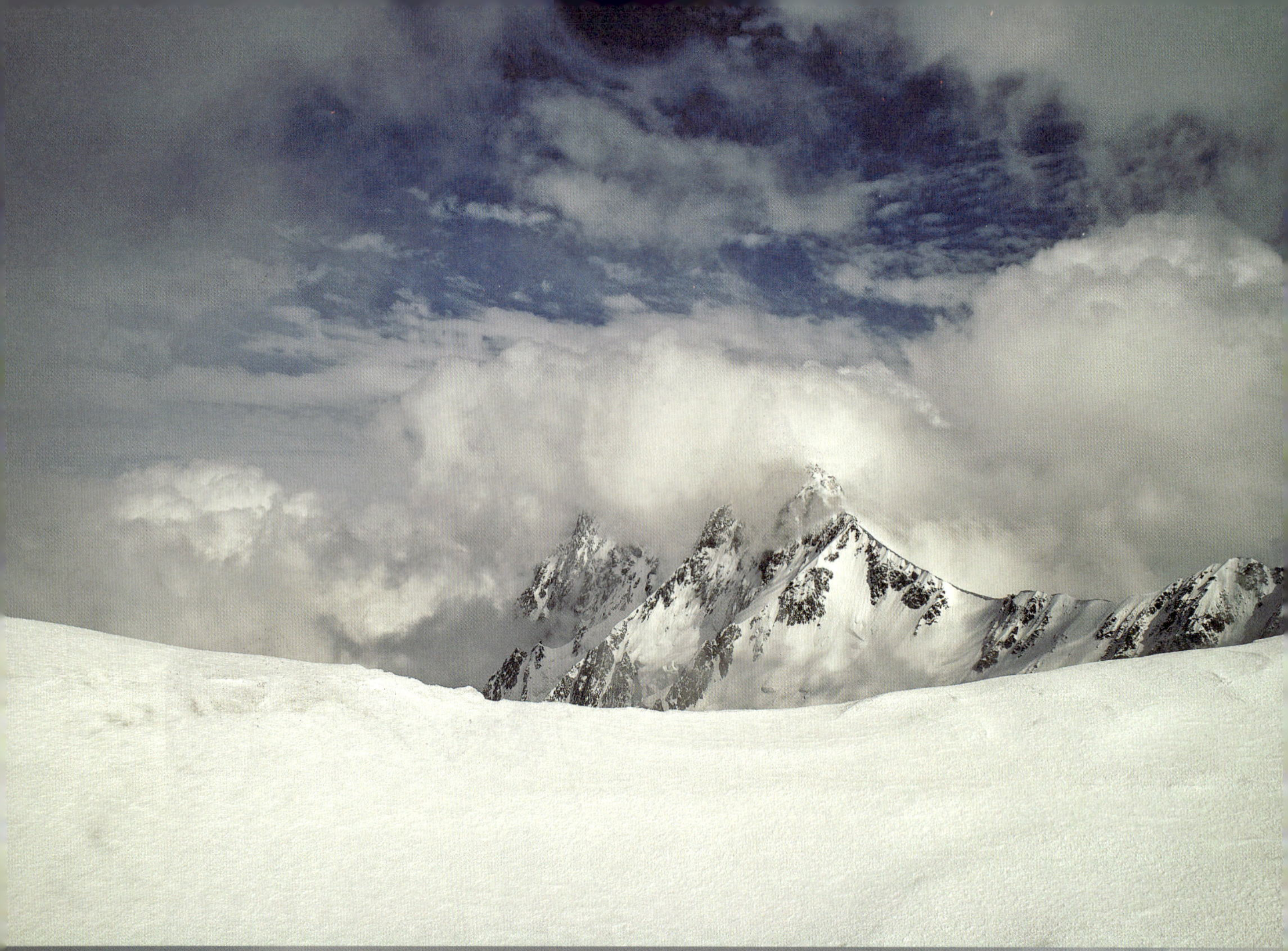

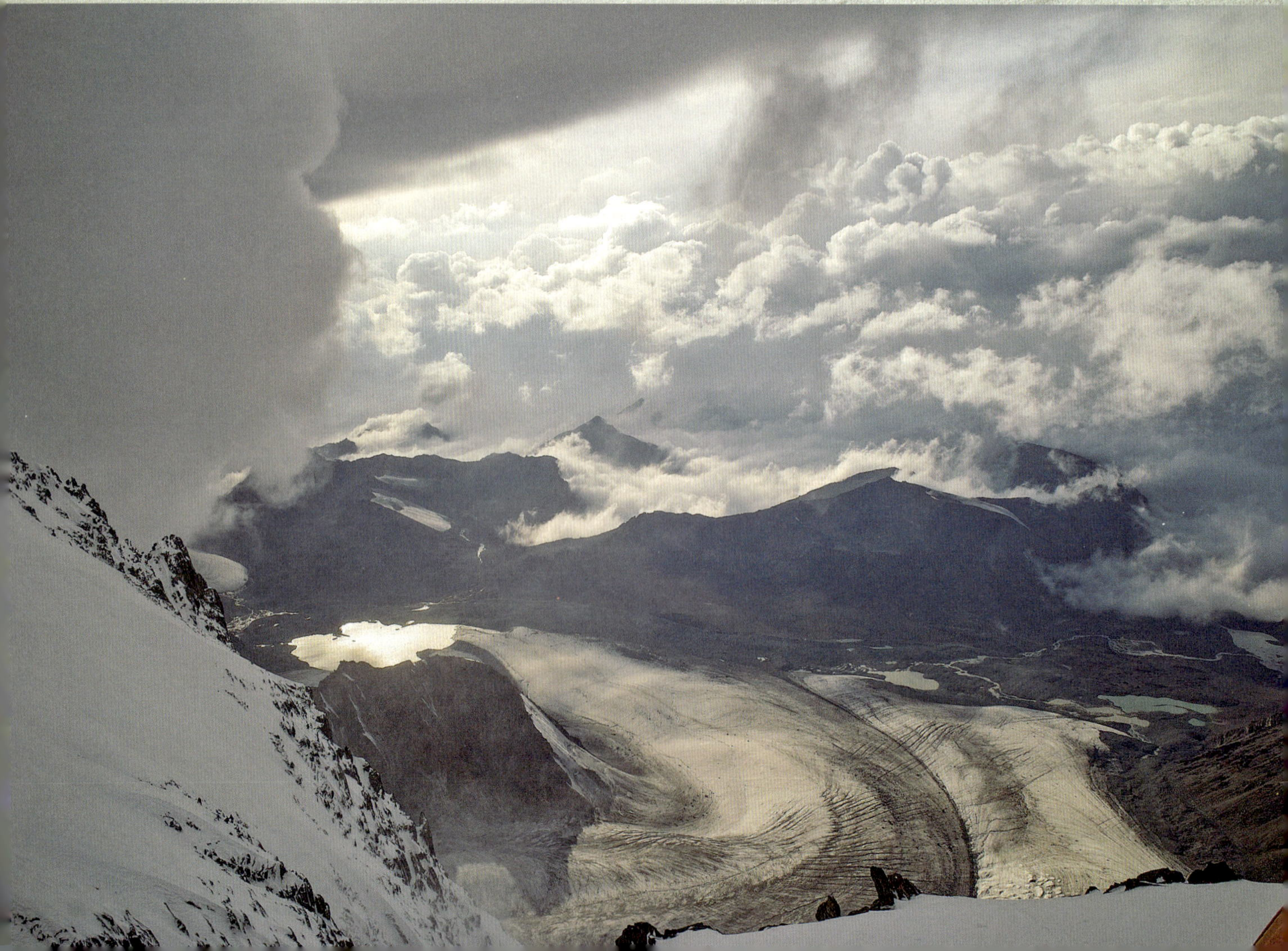

◀ 图 4-15
雪山达坂
（王铁男 摄影）

许多冰山地带除了高寒缺氧外，还会经常刮起暴风雪卡兹（Qadh），对过路商旅造成了很大的困扰。[1] 在帕米尔高原东北部区域，频繁的暴风雪经常使人迷路，于是过路的商旅就将野狼吃剩下的山羊角和骨头做成路标，在大雪封山的时候为商旅指引方向。[2] 因为雪山商路的艰险，商道上的绿洲商旅中形成了与道路风雪相关的宗教信仰。古代帕米尔高原波知国的境内有三个山间湖泊，过路的商旅称之为天池，并认为里面住着主宰风雪的"龙神"。附近绿洲的商人们认为，只要向龙神献祭就可以平安通过附近的雪山，否则就会遭遇暴风雪。[3] 而塔里木盆地西部流行的对慕士塔格峰的崇拜也一直持续到了今天。绿洲商旅翻越冰山雪岭，开拓道路的活动在某种意义上讲也可以被视作现代登山运动的前身，而他们开拓的雪域道路交通也是绿洲冰雪文化的重要内容。

◀ 图 4-16
雪山商道多变的天气
（王铁男 摄影）

小结

雪山冰峰间季节性的冰雪融水流向沙漠，在沙漠中形成了生命可以延续的条件，也使得干旱的荒漠绿洲中有了人类生存活动的空间。绿洲的冰雪文化是绿洲居民在利用冰雪融水以发展生计的过程中形成的一系列与冰雪环境有关的文化体系，是围绕生命活动而展开的地方性知识系统。农业生产视冰雪融水的有无、水量大小而有规律地展开，日常饮食疾病视冰雪融水的性质而合理地调和，至于商业活动以及围绕雪山冰峰的商道开拓活动也与冰雪融水带来的农业生产相关。人在自然面前固然不是完全被动，但是在古代干旱的绿洲地区，人类活动受生态环境的限制，绿洲地区人类活动便是建立在冰雪的季节性消融基础上的。绿洲人民受庇护于雪山，也在雪山脚下和冰峰之间创造了丰富的冰雪文化。

1　麻赫穆德·喀什葛里：《突厥语大辞典》第三卷，校仲彝等译，北京：民族出版社，2002年，第142页。

2　[意] 马可·波罗：《马可·波罗游记》，余前帆译注，北京：中国书籍出版社，2009年，第88页。

3　（北齐）魏收：《魏书》卷一百二十《西域》，北京：中华书局，1974年，第2280页。

表 3　农耕人群的冰雪文化元素

区域	人群	生计类型	冰雪文化元素	所见典籍
吐鲁番盆地	9-19世纪吐鲁番农业人群	绿洲耕商文化	坎儿井、藏酒化寒、祈寒舞	《马可·波罗游记》《宋史·高昌传》《新疆图志》等
塔里木盆地	8世纪龟兹人	绿洲耕商文化	祈寒舞	《大唐西域记》
	10-11世纪喀什附近农业人群	绿洲耕商文化	冰雪饮食	《突厥语大辞典》
	11世纪塔里木盆地西北部样磨（牙格马）人	绿洲耕商、兼游牧	夏日祈雪	《突厥语大辞典》
	10-19世纪塔里木盆地西部农业人群	绿洲耕商文化	冰岭开道路	《突厥语大辞典》《西域记》等
	10-11世纪喀什附近农业人群	绿洲耕商文化	采冰藏冰	《突厥语大辞典》
	10-11世纪喀什附近农业人群	绿洲耕商文化	猪年逢大雪的观念	《突厥语大辞典》
	13世纪忽炭城	绿洲耕商文化	藏酒化寒	《马可·波罗游记》
	18世纪塔里木盆地西部诸绿洲农业人群	绿洲耕商文化	冰山避疫、利用冰雪融水进行河渠灌溉	《西域记》
	5-6世纪塔里木盆地西部人群	绿洲耕商文化	祭祀暴风雪之神	《魏书》
	19世纪塔里木盆地诸绿洲居民	绿洲耕商文化	祭拜冰山水源、饮酒化寒、食雪鸡、雪莲、雪蛆化寒、冻梨解毒	《西疆杂叙诗》
河中地区	9-10世纪渴石城（今塔什干）居民	绿洲耕商文化	目测山中积雪年份	《道里邦国志》
	14世纪阿姆河沿岸诸城居民	绿洲耕商文化	采冰藏冰	《伊本·白图泰游记》
	7-10世纪康国（撒马尔罕）居民	绿洲耕商文化	祈寒舞	《旧唐书》
天山北麓地区	8世纪七河流域人群	绿洲耕商文化	利用冰雪融水进行河渠灌溉	《经行记》
	18世纪乌鲁木齐附近农业人群	绿洲耕商文化	饮茯茶化寒	《乌鲁木齐杂诗》
	18世纪乌鲁木齐附近农业人群	绿洲耕商文化	利用冰雪融水进行河渠灌溉	《乌鲁木齐杂诗》

第五章
冰雪文化与北方地缘文明

亚洲大陆北部存在着不同的冰雪环境，也生活着文化传统不同的古代人群。生活在北方冰雪地带的不同古代人群既在自己的生计活动中创造了丰富的冰雪文化，又在相互的接触和来往中促进了不同区域冰雪文化的交流。围绕冰雪而形成的不同生存智慧在人群交往的过程中逐渐演变成北方冰雪地带古代人群所共享的生活方式。这些在多种冰雪环境中生存的智慧使亚洲北部古代人群可以灵活地往来于森林、草原和荒漠绿洲之间，从而促进了亚洲北部跨越不同地带的地缘文明的形成。

跨区域人群互动与冰雪文化传播

亚洲北部的泰加森林地带、草原地带以及荒漠绿洲地带分别形成了采集狩猎型冰雪文化、游牧型冰雪文化和农耕型冰雪文化三种冰雪文化类型。这些冰雪文化是不同冰雪环境中古代人群的生存智慧结晶。不同区域各不相同的冰雪环境对生计活动的作用方式不尽相同，但生计活动整体受冰雪环境影响的特征以及各地区跨地域的生计发展，仍然为跨区域的人群流动和文化交流提供了先天的地缘条件。泰加森林中分布有一定的草地，同时也有一些地方具备了农业发展的条件；草原上也有一些林地可供狩猎，并有水量丰富的沼泽地带可供发展农业；而绿洲周边也存在着可以放牧的草原和可以采集狩猎的沼泽或林地。因此，亚洲北部三个生计区域之间存在着相互交融的混合生计条件，这为北方地缘文明的形成和发展提供了生态环境条件。古代北方地区在此基础上形成了跨越不同生态区域的相近的混合生计分布格局。

古代欧亚大陆北部人类活动赖以维持的物质资源比较贫乏。人们生活所需的部分物资难以依靠区域内的生计完全自给，这使得该地区的商业活动非常活跃。森林人群在狩猎生活中除获得必要的生活资源外，还积累了大量的皮毛等可以用来交换的剩余产品。[1] 古代生活在东北亚的屋惹、阿里眉、生女真、靺鞨等森林狩猎人群，频繁与中国北方生活的人群进行皮毛等畜产贸易。此外，当地所产的貂鼠皮、青鼠皮等物产也被当作贡物缴纳给辽金政权的统治者。[2] 在贸易和纳贡的过程中，这些狩猎人群走出森林，来到了北方的农牧地区，甚至远在鄂霍茨克海一带的人群也因贸易而与中原人群发生文化关系。[3] 叶尼塞河流域的黠戛斯贵族拿青鼠皮、麝香、貂鼠皮等物产与西域绿洲商贾进行贸易，以换取大食、安西一带所产的布匹等物。[4] 农牧兼营的保加尔人（Bulgars）经常于冬季去往乌戈尔人（Ugrian）生活的西西伯利亚森林地带及其以北的北冰洋沿岸地区，借助手语与当地人进行皮毛等物产的交易。[5]

---

1 丹尼斯·塞诺：《略论中央欧亚狩猎之经济意义》，《丹尼斯·塞诺内亚研究文选》，北京：中华书局，2006年，第157-166页。

2 （宋）叶隆礼撰、贾敬颜、林荣贵点校：《契丹国志》卷二十二《四至邻国地理远近》，上海：上海古籍出版社，1985年，第213页。

3 （唐）杜佑：《通典》卷二百《边防十六·流鬼》，长沙：岳麓书社，1995年，第2852页。

4 （宋）欧阳修、宋祁：《新唐书》卷二百一十七《回鹘下》，北京：中华书局，1975年，第6147-6149页；《世界境遇志》，薛宗正辑注：《突厥稀见史料辑成正史外突厥文献集萃》，乌鲁木齐：新疆人民出版社，2005年，第538页。

5 马卫集：《动物之自然属性》，薛宗正辑注：《突厥稀见史料辑成正史外突厥文献集萃》，乌鲁木齐：新疆人民出版社，2005年，第545页。

▷ 图 5-1
阿尔泰山区（俄罗斯）巴泽雷克5号墓出土的中国刺绣

（Sergei I. Rudenko, *Frozen Tombs Of Siberia*, Berkeley and Los Angeles: University of California Press, 1970, p. 175）

  与森林中生活的采集狩猎人群相比，草原上生活的游牧人群和绿洲地区生活的农耕人群更注重商业活动。古代许多游牧国家都投入人力物力去掌握商业贸易的主动权。匈奴人定楼兰、呼揭等西域三十六国以扩展商路，[1] 突厥可汗以总材山（杭爱山）为基地向四方派遣商队以获得草原和绿洲上的丰富物资，借以笼络突厥贵族及其部众；[2] 善于锻铁的突厥游牧民则向西域国家出售自己的金属制品并转售丝绸等物；[3] 漠北草原的回鹘人（Uighurlar）十分注重中原与西域之间的中转贸易，从而成就了哈拉和林的宏伟；[4] 中亚天山地区生活的古斯等游牧人群历来以从事商业活动而著称。[5] 成吉思汗因商业使团纠纷而出兵征

---

1 ［日］松田寿男：《古代天山历史地理学研究》，陈俊谋译，北京：中央民族学院出版社，1987年，第7、41页。

2 《阙特勤碑》南面第8行，薛宗正辑注：《突厥稀见史料辑成正史外突厥文献集萃》，乌鲁木齐：新疆人民出版社，2005年，第507页。

3 ［法］阿里·玛扎海里：《丝绸之路：中国——波斯文化交流史》，耿昇译，北京：中华书局，1993年，第428-438页。

4 ［日］杉山正明：《游牧民的世界史》，黄美蓉译，北京：北京时代华文书局，中华工商联合出版社，2014年，第169-170页。

5 《世界境遇志》，薛宗正辑注：《突厥稀见史料辑成正史外突厥文献集萃》，乌鲁木齐：新疆人民出版社，2005年，第542页。

图 5-2
山西平定出土的金代驼商壁画
［徐光冀主编:《中国出土壁画全集》(山西卷),北京:科学出版社,2011年,第173页］

讨花剌子模,[1] 俺答汗兵临北京只为订立商业契约,[2] 这一切都证明游牧社会对商业的重视程度。而古代欧亚大陆绿洲地区的人们也历来以善于经商而闻名。中亚粟特商人素称"利所在,无不至",[3] 将自己的货物和文化带到了东方的中原地区和北方的草原森林地带。中亚的萨尔特商人、布哈拉商人以及波斯、大食商人更是经商的好手。这些不同生计区域的商人们时而进入森林地带,时而出入草原和绿洲之间,与不同环境中人群频繁互动,见证了多元的自然环境和冰雪文化,从而促进了北亚地域文明的形成和发展。

古代不同人群间的通婚,伴随不同区域间人员的随往流动,对增进不同区域人群间的文化交流有显著的推动作用。古代的游牧汗国首领为扩大自己的势力范围,常与有势力的部落首领联姻。[4] 叶尼塞地区

---

1 （元）耶律楚材:《西游录》,北京:中华书局,1981年,第2页。

2 （清）张廷玉:《明史》卷三百二十七,北京:中华书局,1974年,第8480–8481页。

3 （宋）欧阳修、宋祁撰:《新唐书》卷二百二十一《西域下》,北京:中华书局,1975年,第6244页。

4 （汉）班固:《汉书》卷九十六下《西域传下·乌孙》,北京:中华书局,1964年,第3903页;（宋）欧阳修、宋祁:《新唐书》卷二百一十七《回鹘下》,北京:中华书局,1975年,第6149页。

▲ 图 5-3 《明妃出塞图》[（明）仇英绘，故宫博物院藏]

的黠戛斯人与七河流域的突奇施人（Turgesh）以及阿尔泰地区的葛逻禄人之间就曾存在联姻关系。[1] 草原游牧集团为了控制森林和绿洲地带，也倾向于与那些区域的头人联姻。[2] 这些联姻造成了不同区域间人员和财产的流动，也促进了不同人群间的交往。

在亚洲北部地区，古代部落群体之间的战争也是促进人员流动和文化交流的一种形式。游牧人群在战争中有抢掠人口和牲畜的习惯，大量的人口以战俘的形式被迁移到另一地区。在匈奴与汉朝的战争以及突厥人与隋唐王朝的战争中，长城一带的大量农耕人口被带到了北方草原；[3] 北魏鲜卑贵族对柔然、高车等部族的战争中，也有大量草原地带甚至森林地带的人群被带到了长城沿线一带。[4] 这些战争对北方农耕地区与草原森林地区之间的人口流动起到了直接的推进作用，使不同文化的携带者交往交流，互通有无。

---

1 （宋）欧阳修、宋祁：《新唐书》卷二百一十七《回鹘下》，北京：中华书局，1975年，第6149页。

2 （汉）班固：《汉书》卷九十六下《西域下》，北京：中华书局，1964年，第3916页；（唐）魏征、令狐德棻：《隋书》卷八十三《西域传》，北京：中华书店，1973年，第1846页；（后晋）刘昫：《旧唐书》卷一百九十八，北京：中华书局，1975年，第5302页。

3 （后晋）刘昫：《旧唐书》卷一百九十八，北京：中华书局，1975年，第5294页。

4 （北齐）魏收：《魏书》卷一百零三《高车》，北京：中华书店，1974年，第2308页。

◀ 图 5-4　传丝公主图

（李毅峰：《西域美术全集 1 绘画卷》，天津：天津人民美术出版社，2016 年，第 112 页）

　　北方地区人群的大规模自然迁移也极大地推动了跨地域的文化传播。早在石器时代，北方森林地带的人群就在寒冷的冬天驾驶雪上交通工具前往遥远地方进行狩猎。[1] 10 世纪前后，贝加尔湖一带的一支通古斯人经由贝加尔湖东侧的诸山地迁徙到了中国东北地区的原始森林中。[2] 西西伯利亚森林中生活的芬-乌戈尔人的一支也向西迁徙到了北欧一带生活。[3] 这些采集狩猎人群的迁徙一定程度上也促成了森林地带不同区域的人群交往。森林中猎物较少的年份，采集狩猎人群也进入草原地带活动，并在新的生产实践中与邻近的草原游牧部落进行频繁的互动交流。拓跋鲜卑、蒙兀室韦以及乞里吉斯等部落群体都是由森林地带迁居到草原地区的古代人群。女真等人群甚至直接进入了中国北部的农耕区，促进了北方森林地带与草原乃至平原农耕区的人群互动和文化交流。

---

1 [芬兰]杰西皮卡：《青铜时代的雪——冬天在青铜器时代传播创新的作用》，单兆鉴、阿依肯·加山：《中国·阿勒泰国际古老滑雪文化论坛报告》，北京：光明日报出版社，2016 年，第 385–408 页。

2 [俄]史禄国：《北方通古斯的社会组织》，吴有刚、赵复兴、孟克译，呼和浩特：内蒙古人民出版社，1985 年，第 235–236 页。

3 [德]J. 赫尔曼、[荷兰]许理和等：《人类文明史，第 3 卷：公元前 7 世纪至公元 7 世纪》，中文版编译委员会译，南京：译林出版社，2015 年，第 263–264 页。

北方游牧人群具有更大的流动性。蒙古草原生活的古代游牧部落群体曾在欧亚大陆人口大迁徙中起到过重要的推动作用。首先，一批又一批的草原游牧人群越过长城南下，内迁至黄河流域定居。在与当地人共同生存、通婚繁衍后代及发展生产的过程中，他们所携带的文化也融入了当地社会。[1] 其次，古代的欧亚大草原上，东方的游牧人群完成了从杭爱山脉到喀尔巴阡山脉之间频繁的游牧民大迁徙。他们在新的草场上与周边的人群互动交往，并将东方草原的游牧文化带到了内陆草原地带的西部区域。[2] 此外，活动在天山地区的塞种、厌达及西突厥等山地游牧民们，屡次南下到东伊朗高原的兴都库什山脉及其以南的北印度山地活动并建立政权，带去了北部草原的游牧文化。[3] 8世纪以后，跨越天山山脉进入天山－锡尔河以南绿洲地区定居的游牧民更不在少数。[4]

北方草原游牧人群与中原农耕人群之间的互动与文化交融也非常频繁。唐代，为了经营西域的需要，中央政府将内地的农民移民到天山北麓庭州等地屯田，发展了冰雪水源在灌溉农业中的应用技术。[5] 明代中晚期以后，黄土高原北部的农民由于饥荒等原因前往阴山脚下的土默特草原耕种，丰富了那里的农作物品种。[6] 他们的迁徙也将干旱区灌溉农业中的冰雪文化带到了当地。明清时期对东北地区的农业开拓，使大量华北地区的农民进入北边的原始森林地带。这些农民在寒旱区域开垦种植，逐渐掌握了当地的物候规律，结合冰雪消长发展出

---

1 贾小军、刘永刚：《魏晋南北朝时期北方民族融合诸层次述论》，《河西学院学报》2006年第6期。

2 蓝琪：《论11世纪初期欧亚草原上的迁徙运动》，《新疆大学学报》（哲学人文社会科学版）2008年第2期；[德]米哈里·本克：《亚欧大陆骑马民族迁徙时期的随葬面具》，苏银海译，《西北第二民族学院学报》2000年第2期。

3 余太山：《塞种考》，《西域研究》1991年第1期；朱学渊：《厌哒、高车与吐火罗斯坦诸族》，《西北民族研究》2000年第1期；赵永伦：《论伽色尼王朝在阿富汗的统治》，《贵州师范大学学报》（社会科学版）2012年第5期。

4 [日]羽田亨：《西域文明史概论》，郑元芳译，上海：商务印书馆，1934年，第74–75页。

5 （唐）李吉甫：《元和郡县志》卷四十陇右道《庭州》，清刻武英殿聚珍版丛书本。

6 （明）萧大亨：《夷俗记》，北京：中华书局，1991年，第7页。

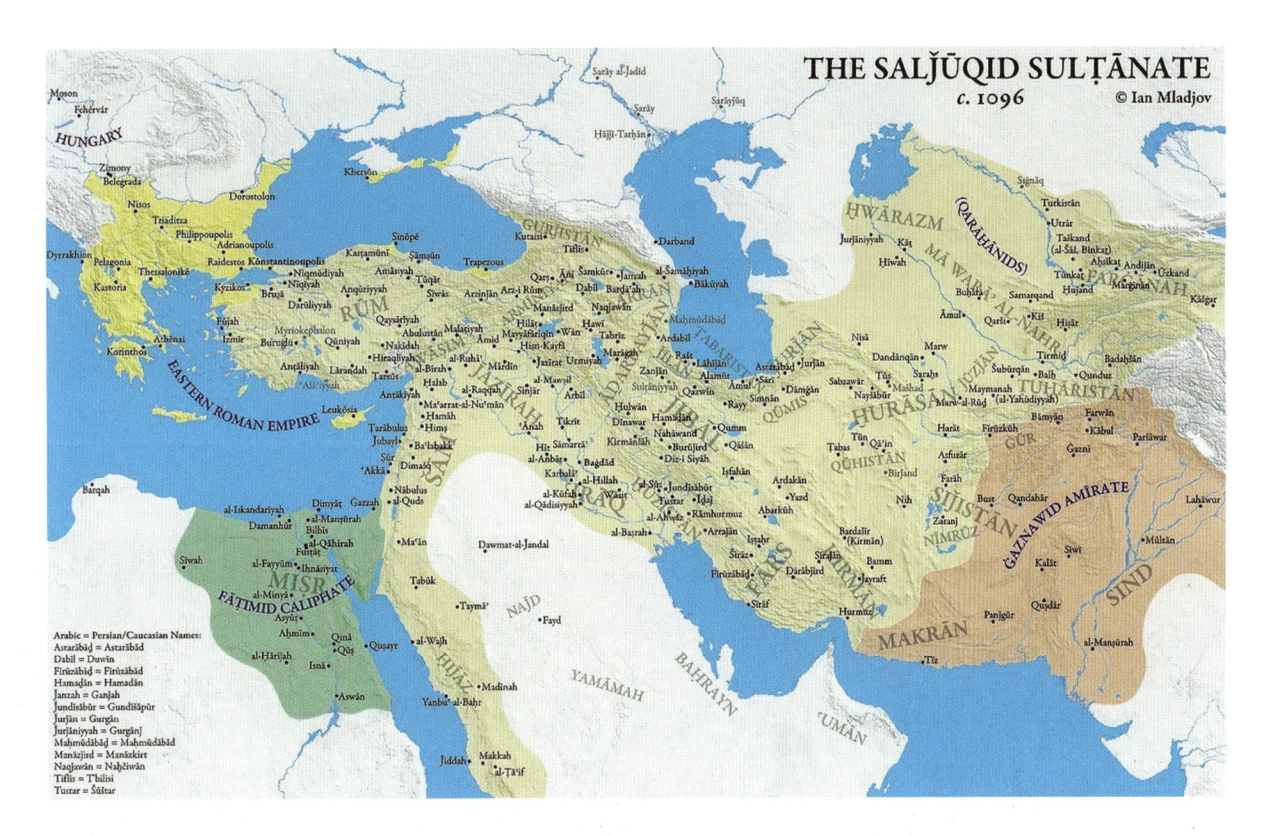

▲ 图 5-5　11 世纪的塞尔柱突厥汗国

(Map of Seljuk Sultanate, 1096, Maps on the Web)

新的农耕型冰雪文化，将农耕生计中的冰雪文化扩展到了遥远的北方森林地带。

清代经营西域时期，政府鼓励内地移民前往天山北麓地区。河西走廊祁连山北麓一带惯熟于绿洲灌溉农业的人群进入了天山北麓一带从事农业生产，天山地区出现了大量的三县户、渊泉户等移民，改变了天山北麓的地域人文景观。[1] 准噶尔贵族为了开发天山以北的农业，也将大量绿洲地区的俘虏带到天山北部的草原上进行农业耕种。[2] 这些人群的进入把利用冰雪融水进行农业灌溉的文化景观又一次带到了草原。

---

[1] 张莉：《清至民国时期天山北麓地理景观的变化》，《陕西师范大学学报》（哲学社会科学版）2007 年第 1 期。

[2] 齐清顺：《准噶尔汗国的经济发展》，《西部蒙古论坛》2012 年第 1 期。

△ 图 5-6 天山北麓农业景观（王卫东 摄影）

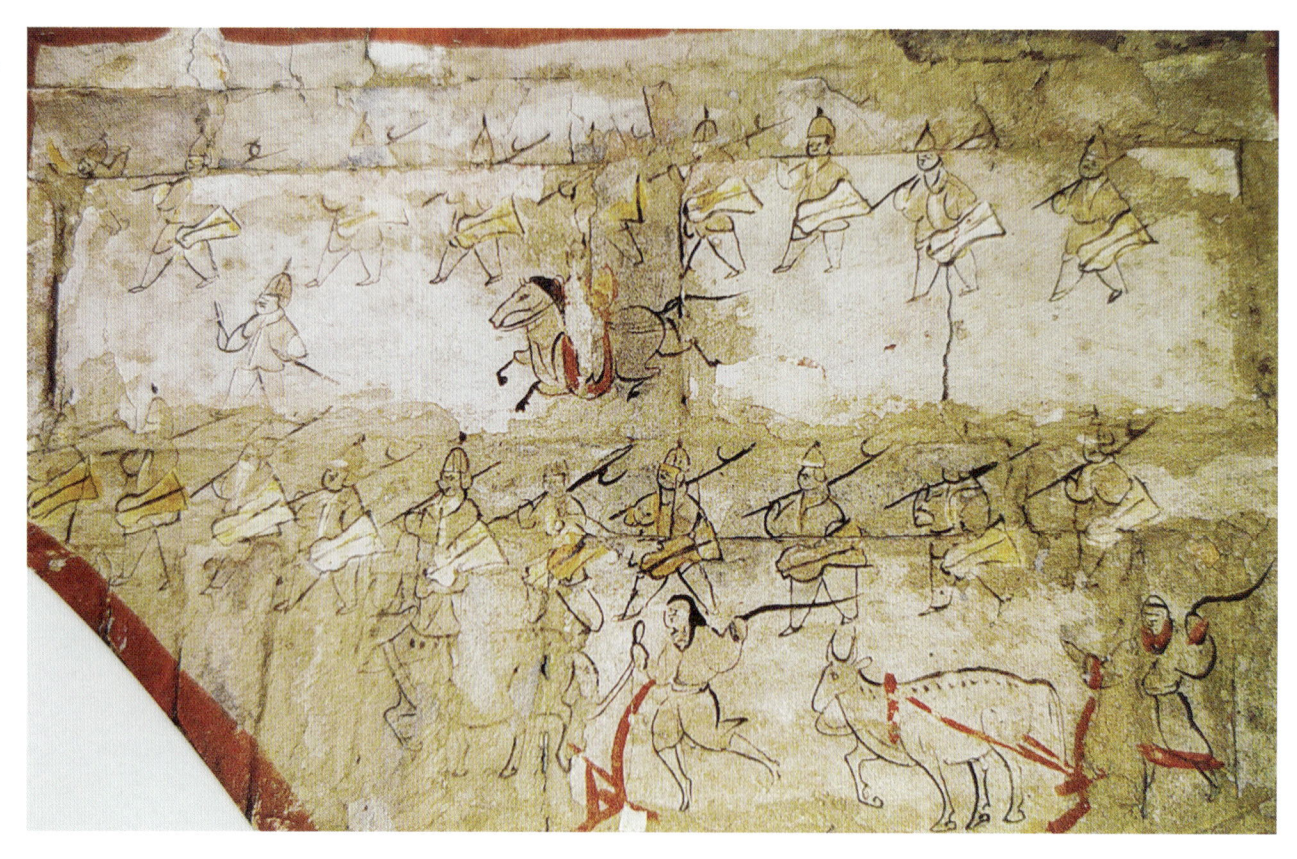

△ 图 5-7 屯垦图
（甘肃嘉峪关魏晋 3 号墓壁画，刘炜、段国强主编：《国宝·壁画》，济南：山东美术出版社，2012 年，第 36 页）

北方冰雪文化的共享与地缘文明的形成

蒙古高原东部和北部边缘的森林草原地带是森林狩猎人群与草原游牧人群共同活动的区域，许多森林狩猎人群将其冰雪文化带到了草原地区。因此，该区域的游牧人群生计中，狩猎成分更高。东胡人群中的乌桓人擅长狩猎、以弋猎禽兽为事。[1] 进入草原地区活动已久的东部鲜卑人已经淡却了狩猎生活，食品不足时，他们在首领檀石槐的带领下，把擅长捕鱼的倭国人携掠到草原上的乌候秦水为他们捕鱼以维持部落生计。[2] 拓跋鲜卑是大兴安岭山区的森林狩猎人群，他们在进入呼伦贝尔一带的森林草原地带生活一段时间后，开始与游牧的匈奴人通婚而进入匈奴故地。[3]

▲ 图5-8 现代柯尔克孜人的鹰猎
[王建新、王铁男编著：《中国少数民族图志（西北卷）·柯尔克孜族》（英汉对照），北京：民族出版社，2018年，第13页]

---

1 （南朝宋）范晔：《后汉书》卷九十《乌桓鲜卑列传》，北京：中华书局，1965年，第2979页。

2 （南朝宋）范晔：《后汉书》卷九十《乌桓鲜卑列传》，北京：中华书局，1965年，第2994页。

3 （北齐）魏收：《魏书》卷一，北京：中华书局，1974年，第1–3页。

漠北的回鹘人兴起于蒙古高原北部边缘的森林草原地带。回鹘汗国的奠基人菩萨是一位擅长狩猎的首领，经常以打猎的方式训练军队。[1]生活在森林草原地带的部分室韦人，后来成了蒙古人群的先民。《蒙古秘史》中描述了这些规模不大的人群的生活，其中一段讲到了蒙古孛尔只斤氏的先祖孛瑞察儿在被兄长们排挤出走后，用鹰猎的方式在冰天雪地的环境中生活的狩猎情形。[2]在辽金时期，来自森林中的采集狩猎文化便已经为东北地区农牧交错地带的人群所共享。辽金统治者常于冬天凿冰捕鱼、春季冰消打雁，根据季节变化安排渔猎活动。[3]也有部分游牧人群向北迁徙到了北冰洋沿岸的苔原地区。从蒙古高原北迁的人群中，最具代表性的群体有迁徙到勒拿河沿岸的雅库特人和迁徙到泰梅尔半岛的涅涅茨人。这些人群在新的苔原冰雪环境中结合当地的冰雪文化发展出不同的游牧生计和新的游牧型冰雪文化。[4]

草原游牧冰雪文化与绿洲农耕冰雪文化也曾持续互动交融，被游牧与农耕区域内的不同人群所共享。长城沿线、天山山脉、锡尔河及高加索一带历来是草原游牧区与寒旱农业区的交界地带。这一地带历来存在混合的生计格局，游牧人群的冰雪文化与农耕人群的冰雪文化在这里长期共存。[5]天山北麓七河流域的葛逻禄人中，既有耕作田地的农民、又有放养牲畜的牧民，还有买卖物品的商人。[6]他们共处一地，保有各自不同的生产生计，既相互独立又相互影响。一些游牧人群在

1　（后晋）刘昫：《旧唐书》卷一百九十五《回纥》，北京：中华书局，1975年，第5196页。

2　叶德辉编：《元朝秘史三种》，台北：中文出版社，1975年，第10-11页。

3　（宋）叶隆礼撰、贾敬颜、林荣贵点校：《契丹国志》卷二十三《渔猎时候》，上海：上海古籍出版社，1985年，第226页；（清）杨宾：《柳边纪略》卷三，北京：中华书局，1985年，第52页。

4　侯育成：《论雅库特民族的起源》，《黑龙江民族丛刊》1987年第3期；侯育成编：《西伯利亚民族简史》，哈尔滨：黑龙江省社会科学院西伯利亚研究所，1987年，第184-186页。

5　Robert N. Spengler III, Naomi F. Miller, Reinder Neef, et al., "Linking agriculture and exchange to social developments of the Central Asian Iron Age", *Journal of Anthropological Archaeology*, 48 (2017), pp. 295-308.

6　《世界境遇志》，薛宗正辑注：《突厥稀见史料辑成正史外突厥文献集萃》，乌鲁木齐：新疆人民出版社，2005年，第539页。

△ 图 5-9　蒙古高原东北部的森林草原（包海波 摄影）

进入绿洲地区后，把草原上形成的随四季冰雪变化的游牧生计方式带到了绿洲地区，丰富了绿洲人民对冰雪环境的利用方式。[1]清代，额尔齐斯河和塔尔巴哈台一带生活的游牧人群在冬天结冰的河面上开凿冰孔，举火把照明，引诱鱼群凑近后乘机进行捕捞。[2]这说明部分北方采集狩猎型冰雪文化也已流传到了天山附近地区。

森林地带的采集狩猎人群、草原地区的游牧人群以及绿洲地带的农耕人群在共享生存智慧和不同生计方式的过程中，共同创造了以冰雪文化为其主要特征的北方地缘文明。这种地缘文明是一个地缘——历史共同体，是亚欧大陆北部特定的空间范围内，由诸多不同生计的人群互动交融而创造形成的文化集合体。古代北亚大陆脆弱的生态环境中难以发展精细的生计方式，加之生存资源局限，该区域人群生活所需的物资相对匮乏。通过冰雪环境的差异互补和冰雪文化的共享，跨越区域的人群迁徙和物资交换活动一直在北亚各类人群中

---

[1]《清圣宗实录》卷二百九十七，第878页，康熙六十一年四月戊午（1722年5月18日）靖逆将军富宁安疏言《所谓瓜州沙州敦煌郡之处》，摘自《中国新疆历史文化古籍文献资料译编》卷28，阿图什：克孜勒苏柯尔克孜文出版社，2016年，第238页；施新荣：《明代及清初哈密卫部众演进考述》，《新疆社会科学》2007年第5期。

[2]（清）袁大化修，王树枏等纂：《新疆图志·实业一》，上海：上海古籍出版社，第296页。

△ 图 5-10 冰上举火照鱼图

（王卫东根据《新疆图志》记载绘制）

▲ 图 5-11　魏晋时期河西走廊（酒泉）的游牧民生活场景
［徐光冀主编：《中国出土壁画全集》（甘肃、宁夏、新疆卷），北京：科学出版社，2011年，第15页］

延续和发展。持有不同生计方式的人类群体，长期生活在一个相对稳定的共生空间之内，在共享的空间范围内彼此交流，相互影响。这种密切的接触往来，使他们拥有大体上相似的历史文化记忆，甚至拥有较高的社会、经济及文化意义上的整合性。[1] 这种建立在资源互补基础上的跨区域人群间持久的合作和交流，最终催生出亚欧大陆北部整体性的地缘文明，即以冰雪文化为其基本特征的、互利共存的文化集合体。

1　关于地缘文明的定义，参见阮炜：《地缘文明》，上海：上海三联书店，2006年，第11–12页。

北方地缘文明中的冰雪文化

冰雪是生活在冰雪环境中的人们所最熟悉的事物。随着冰雪文化在北亚地区的传播交流，在该地区生活的人们共享了许多有关冰雪的知识。首先，由于雪层厚度对冰雪环境中的多种生产实践具有重要意义，所以北亚地区的不同人群均对此十分关注，并积累了丰富的实践经验。在游牧生计中，古代北亚草原地带的游牧人群掌握了利用不同厚度雪层的冰雪经验。[1] 14世纪塔什干绿洲的居民掌握了估测雪山上的降雪强度和冰雪厚度的经验。[2] 在北亚的森林苔原区、草原游牧区和绿洲农耕区，人们对冬季冰雪有一致的认识，认为适度的冰雪对于各自的生产生计活动以及人畜的健康都有重要的意义。诸如"瑞雪兆丰年"，"雪覆盖的牧草，春天就会茂盛；没雪的牧草，春天不会茂盛"[3]，"瑞雪全部在冬天降临，小麦谷子靠它来萌生"[4]。等谚语俗语就说明了人们对冬季冰雪认知方面的共识。

从中国东北到西伯利亚的森林地区，冬季冰雪覆盖形成林海雪原，夏季冰雪融化则会形成沼泽。因此，人们在林间的活动便受到了季节性限制。[5] 相关文献记载，东北地区生活的农民夏季几乎不进入森林，只在冬季去林中伐木，预备一年的薪柴。[6] 采集狩猎人群也习惯于秋冬季节进入山中采集打猎。[7] 如果外来人群要在夏天通过森林，就需

---

[1] 陈祥军主编：《杨廷瑞游牧论文集》，北京：社会科学文献出版社，2015年，第37–38页，第47页。

[2] ［阿拉伯］伊本·胡尔达兹比赫：《道里邦国志》，宋岘译注，北京：华文出版社，2015年，第165–166页。

[3] 李树新：《达斡尔族、鄂温克族、鄂伦春族言语文化研究》，北京：商务印书馆，2019年，第24页。

[4] 麻赫穆德·喀什葛里：《突厥语大辞典》第二卷，校仲彝等译，北京：民族出版社，2002年，第206–207页。

[5] （清）何秋涛：《朔方备乘》卷二十一，光绪七年畿辅通志局版，第5页。

[6] （清）杨宾：《柳边纪略》卷四，北京：中华书局，第72页。

[7] （清）杨宾：《柳边纪略》卷四，北京：中华书局，第64页。

▶ 图 5-12 《寒驼残雪图》
[（清）华喦绘，故宫博物院藏]

第五章 冰雪文化与北方地缘文明

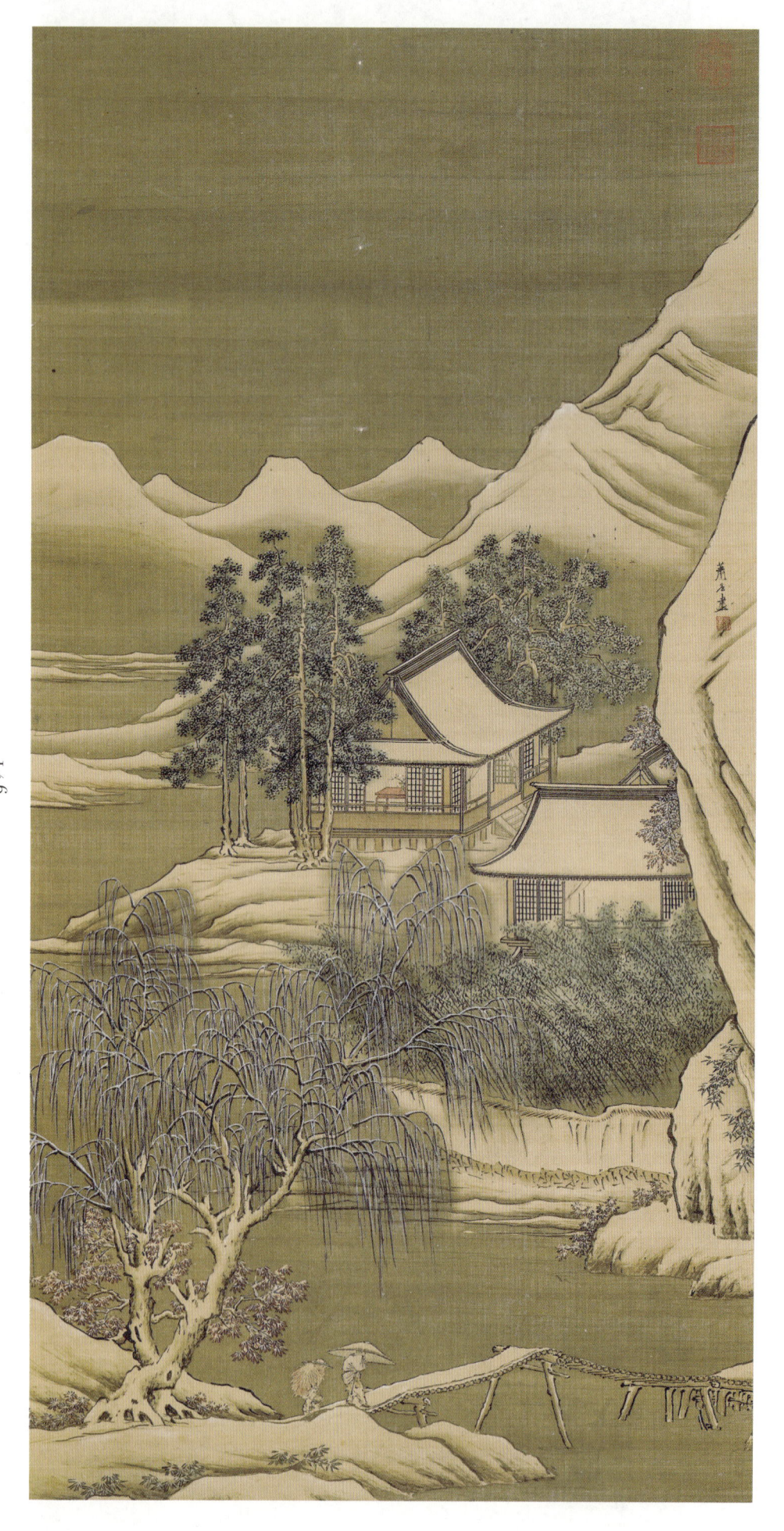

◀ 图5-13 丰年瑞雪轴

[（清）萧晨，台北故宫博物院]

△ 图 5-14
泰加林地带的沼泽
（卢青山 摄影）

在当地女真人、鄂伦春人的向导随行下进入沼泽地带。[1] 在西伯利亚地区，因受沼泽湿地的影响，商人们也大多在冬季才进入当地活动。[2] 在中亚，游牧民或商旅则需要选择适当的时机和道路穿过冰雪覆盖的山脉，以避免冰雪融化带来的冰裂雪崩危险或道路泥泞困扰。[3] 这些都说明，古代北方地区的诸多人群在利用冰雪环境开展季节性生计活动方面共享丰富多样的冰雪知识和经验。

在冰雪中滑行的雪地交通技术在古代已为北方地缘文明中持不同生计的各类人群所共享。西伯利亚森林区域的采集狩猎人群很早就将滑雪板、雪橇等技巧运用到了交通领域。钦察草原上的保加尔人至少在 11 世纪以前就掌握了雪上滑行技术。他们经常将需要交易的货物放在狗拉雪橇上，向北穿行泰加森林，到达靠近极地地区的尤拉

---

[1] （清）高士奇：《扈从东巡日录》，李澍田：《松漠纪闻 扈从东巡日录 启东录 皇华纪程 边疆叛迹》，长春：吉林文史出版社，1986 年，第 110 页。

[2] ［意］马可·波罗：《马可·波罗游记》，余前帆译注，北京：中国书籍出版社，2009 年，第 523 页。

[3] （清）长白七十一椿园：《西域记》卷七，清嘉庆味经堂藏本，第 12–13 页。

人（yura）住地。他们偶尔也踩着用牛股骨制成的滑雪板，双手持标枪刺地疾行。[1] 同一时期，钦察草原北部森林草原地带的基马克人用一种长三畹（腕）尺（一种用于古代西亚北非一带的测量单位，1畹尺约等于45厘米）、宽一柞（约为拇指到食指伸开的距离）的滑雪板狩猎野兽。[2] 在13世纪的蒙古高原北部，森林中的兀良哈人（Uriyangqa）从祖先那里继承了乘用察纳（一种用皮带作为缰绳拴在一块木板的前端制成的滑雪板）的雪地交通技术，而且当时蒙古草原上游牧的诸多突厥和蒙古部落也都掌握了这种滑行技术。[3] 与兀良哈人毗邻而居的游牧人群蔑儿乞人（Merkits）还役使马鹿驾驶雪橇进行长途旅行。[4] 至13世纪后半期，雪橇运输的交通系统已经纳入到了蒙古帝国的制度化管理中，在西西伯利亚和中国东北地区都形成了专门为狗拉雪橇服务的"狗站"。[5]

13世纪初，成吉思汗在西征路过阿尔泰山时，曾经命人在阿尔泰山的冰川之间开凿通道以供军队行走。[6] 而在同一时期，生活在东天山地区的一支名叫别克邻的突厥部落也很擅长攀援冰雪覆盖的山崖。[7] 如前文所述，西部天山的哈卡尼耶人也曾不惧冰川道路的艰险，从塔里木盆地西部翻越险峻的冰山达坂将物品运往费尔干纳盆地进行贸易。通过开凿冰磴等办法，北方地区的人们已经能够很好地将人类的交通手段运用到这些难以逾越的冰山地带。在北方的一些农耕地区也形成了冰上运输货物的技术。如中国东北的吉林省，19世纪的农耕

---

[1] 马卫集《动物之自然属性》，薛宗正辑注：《突厥稀见史料辑成正史外突厥文献集萃》，乌鲁木齐：新疆人民出版社，2005年，第546–547页。

[2] 马卫集《动物之自然属性》，薛宗正辑注：《突厥稀见史料辑成正史外突厥文献集萃》，乌鲁木齐：新疆人民出版社，2005年，第545页。

[3] ［波斯］拉施特：《史集》，余大钧、周建奇译，北京：商务印书馆，1983年，第203–204页。

[4] ［意］马可·波罗：《马可·波罗游记》，余前帆译注，北京：中国书籍出版社，2009年，第130页。

[5] ［意］马可·波罗：《马可·波罗游记》，余前帆译注，北京：中国书籍出版社，2009年，第130页；（明）宋濂：《元史》卷一百一《兵志四》，北京：中华书局，1976年，第2583、2592页。

[6] （元）耶律楚材：《西游录》，北京：中华书局，1981年，第1页。

[7] ［波斯］拉施特：《史集》，余大钧、周建奇译，北京：商务印书馆，1983年，第244页。

△ 图5-15 马拉雪橇
（张耀东 摄影）

人群已经习惯于在冰上用"扒犁"运输货物，同时还存在一种改装后的暖扒犁，可供载人于结冰的河上行走，如同带轿子的马车一般。[1]

在冰雪环境中生活的人们，身体状况会受外部特定气候条件的影响，北方各类人群在此基础上形成了共享的饮食理念和习俗。如前文所述，北方的绿洲农耕人群与游牧人群都相信冷热相克的医学理论，认为雪中生活的动物的肉食具有驱寒功能，是治疗寒症的极佳食材。叶尼塞河流域的森林采集狩猎人群也有大致相同的理念，他们利用一种当地性寒的动物肉来治疗热症。[2] 除了获取于自然的食物以外，北方诸多人群还通过酿造酒类饮料和饮用茯茶来消除体内积寒，从而使饮酒和饮茶也成为最受他们欢迎的饮食习俗。毫无疑问，饮酒品茶习俗的形成与北方冰雪环境密切关联，是北方冰雪文化的有机组成部分。

冰雪环境中产生的知识和技术既为北方诸多人群带来了方便，也丰富了他们的日常生活。女真贵族、达鲁河畔的契丹贵族，将古代北

---

1 （清）萨英额：《吉林外记》卷八《风俗》，台北：成文出版社，第281页。
2 （清）何秋涛：《朔方备乘》卷十九，光绪七年畿辅通志局版，第3页。

△ 图 5-16　天山雪莲（王铁男 供图）

△ 图 5-17　契丹人备茶图
（河北宣化下八里村张匡正墓壁画，刘炜、段国强主编：《国宝·壁画》，济南：山东美术出版社，2012年，第250页）

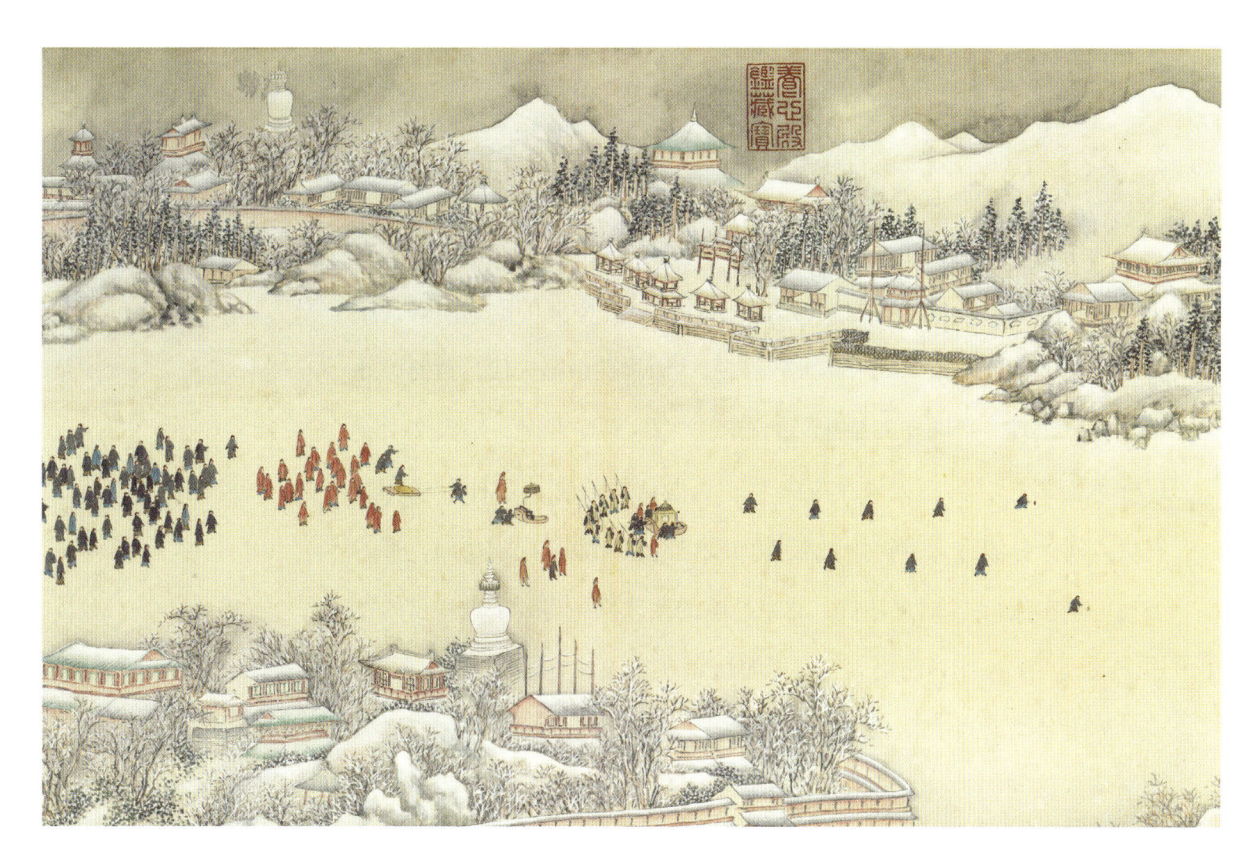

▲ 图 5-18 《画御制雪中坐冰床即景》(局部)·清代冰床
[(清)钱维城,台北故宫博物院藏]

方渔猎人群的冰上捕鱼活动发展成一种宴会娱乐项目。[1] 契丹人的冬季捕鱼宴会形成了一种制度,每年正月皇帝带领皇亲国戚来到结冰的达鲁河上,用冰下撒网的方法将鱼从毡帐内的冰孔中取出,以供众人喝酒饮宴,助兴娱乐。[2] 农耕地区的人群也利用冬季的冰雪丰富了自身的民俗文化。古代中亚地区向神灵祈求降雪的仪式"苏幕遮"中包含大量的歌舞内容。这种仪式向东传入中国北部地区以后,逐渐演变为娱乐活动。古代高昌地区和中原一带都出现过娱乐色彩浓厚的苏幕遮歌舞表演,[3] 这种娱乐进而为宋代文人所熟知,甚至发展出一种被称为苏幕遮的词牌。

---

1 (清)杨宾:《柳边纪略》卷三,北京:中华书局,1985年,第65页。
2 (宋)程大昌:《演繁露》卷三,清嘉庆学津讨原本;(宋)李焘:《续资治通鉴长编》卷九十七,清文渊阁四库全书本。
3 (元)脱脱等:《宋史·高昌传》,北京:中华书局,1977年,第14111-14112页。(元)马端临:《文献通考》卷一百四十八,清浙江书局本。(宋)王溥:《唐会要》卷三十四,清武英殿聚珍版丛书本。(唐)令狐德棻:《北周书·宣帝纪》,北京:中华书局,1971年。

利用简易的工具在冰上滑行是一种朴素的冰上娱乐项目。这一娱乐项目也被纬度较低地区的农耕人群所共享。在中亚的阿姆河畔，旅行者记录了当地的儿童滑冰等冰上游戏。[1]而早在中国宋代，黄河以北区域就已出现一种叫作"凌床"的游戏。做这种游戏时，一人牵引凌床在冰上滑行，另一人坐在凌床上享受滑行的快感，这种游戏在达官贵人间十分流行。[2]到明代，凌床游戏已经在北京城内阳德门一带的普通民众中流行。[3]时至清代，北京地区的凌床娱乐得到了进一步的发展。改进后的凌床形制更大，可供游玩者在床中饮宴娱乐。[4]

冰上体育运动在清代已经相当发达。许多冰上运动产生于宫廷，逐渐流入民间，为时人所乐，达到了雅俗共赏的普及程度。溜冰是清代北京城一项常见的冰上运动。在护城河等地，老百姓自发地组织溜冰竞速比赛。溜冰者们穿上嵌有铁齿的溜冰鞋在冰面竞速，争相接近冰面上的标识物，先得标的人即为胜者。[5]宫廷中的竞速溜冰运动更加正式且更具竞技特征。有一种竞速的滑冰运动叫作"抢等"。该项比赛以炮声作为开始的信号，参与比赛的人们听到炮声后，从立有旗帜的起点出发滑向同样立有旗帜的终点，参与者分别以先后到达的顺序获得不同等级的奖项。[6]

此外，一种展示滑冰技巧且观赏性很强的花样滑冰运动也很流行。民间的花样滑冰运动中，滑冰者在冰上做出燕子轻斜、飘行陡止等高难度动作，非常自如。[7]而在宫廷中，花样滑冰运动更加炫目。有一种叫作"打滑挞"的冰上运动，在寒冷的冬天造起一座高三四丈的冰山，滑冰者穿着用带毛的猪皮做成的滑冰鞋在"冰山"上滑动而保

---

1 ［摩洛哥］伊本·白图泰：《伊本·白图泰游记》，马金鹏译，北京：华文出版社，2015年，第216页。
2 （宋）沈括：《梦溪笔谈》卷二十三《讥谑》，四部丛刊续编景明本。
3 （明）刘若愚：《酌中志》卷十七《大内规制纪略》，清海山仙馆丛书本。
4 （清）潘荣陛：《帝京岁时纪胜·冰床擦滑》，清乾隆刻本。
5 （清）潘荣陛：《帝京岁时纪胜·冰床擦滑》，清乾隆刻本。
6 （清）吴振棫：《养吉斋丛录》卷十四，清光绪刻本。
7 （清）宝廷：《偶斋诗草》卷一，清光绪二十一年方家澍刻本。

持不倒。[1]还有一种"转龙射球"的冰上运动，以旗色和队服把参与者三人一队地分成若干队，每一队最前面的一个人拿着旗帜在冰面上绕开各种障碍物前行，并引导后面的两个人跟进；后面的两个人手拿弓箭分别负责射击指定地点的目标，各队之间展开竞赛。[2]比赛开始后，各队溜冰者在冰上曲折盘旋前进，像蜿蜒盘旋的龙一般，是一种集观赏性和竞技性为一体的冰上运动。[3]

除竞速式和花样式的滑冰运动外，清代还有一种冰球运动，主要在宫廷中流行。参与比赛的人群分为两队，每队12个人，分别用不同颜色的衣服作为区分，在冰上"走冰较射"。[4]比赛时，守门员把用皮革做成的球猛踢到众人当中，两队人开始争抢，力求将球控制在自己手中，相互传接直至射门。[5]这种称为"抢球"或"冰上蹴鞠"的游戏是一种竞技式的团体冰上运动，类似于冰面上的足球比赛。以上都说明，原本存在于古代北亚人群生活中的冰上滑行技术已发展成为独立的体育运动。

为适应冰雪环境变化，许多游牧部族都有在冬季营地与夏季营地间季节性迁徙的习俗，游牧政治统治中心也随部族整体的迁徙而移动。[6]随着游牧部族的政治统治势力向外扩张，亚洲的许多地区也逐渐共享了游牧部族的统治模式。天山山脉一带的西突厥部落在南下北印度建立政权时期，也将游牧型冰雪文化中的政治模式带到了那里。兴都库什山脉南麓的许多地区，统治者原本在各个农业中心区建立固定的统治中心以控制当地社会。[7]突厥人统治那里后，当地形成了具有游

---

1 （清）陈康祺：《郎潜纪闻》卷十二，清光绪刻本。

2 （清）吴振棫：《养吉斋丛录》卷十四，清光绪刻本。

3 （清）吴振棫：《养吉斋丛录》卷十四，清光绪刻本。

4 （清）官修：《皇朝文献通考·乐考》，清文渊阁四库全书本。

5 （清）吴振棫：《养吉斋丛录》卷十四，清光绪刻本；（清）潘荣陛：《帝京岁时纪胜·冰床擦滑》，清乾隆刻本。

6 ［波斯］拉施特：《史集》，余大钧、周建奇译，北京：商务印书馆，1983年，第206-207、223-224页。

7 （北齐）魏收：《魏书》卷一百二十《西域传》，北京：中华书局，1974年。

动的政治中心的社会治理模式。¹ 南下长城地带活动并建立政权的辽金贵族，也将游牧型冰雪文化中的多中心政治模式带到了那里，形成了复数统治中心。辽代有五京之制，金代沿袭了这一制度，元代除大都以外还有上都城。经历了古代多个朝代的发展，这种政治统治模式在清代结束，清政府最终确立了统一的政治中心，将森林草原区域与中原农耕区域整合在一个政治统一体内。

△ 图 5-19
萨满的头饰和衣服
(Oscar Mamen, 1931, Museum of Archaology and Anthropology N.126844.LIN, N.126836.LIN)

古代北方地区各人群所共享的冰雪文化中，也有许多宗教信仰及仪式活动的要素。古代北方各生计人群不同类型的冰雪文化中都存在祭祀冰山雪岭的宗教习俗。此外，北方许多人群中还共享有"尚白"的习俗。生活在辽东地区的秽貊系人群崇尚白色，而他们的后代朝鲜人直至今日仍然保留了尚白的习俗。² 古代东北森林中生活的女真人也尚白，女真贵族正是因为"俗尚白"的原因才将自己的政权名字命

---

1 （唐）慧超：《往五天竺国传》北京：中华书局，2005 年，第 88–91 页。
2 郑信哲：《朝鲜族》，北京：中国人口出版社，2012 年，第 87–88 页。

名为"金"。[1] 同样在森林中生活的操蒙古语的室韦人也尚白，他们不论男女都穿白鹿皮制成的衣服。[2] 古代草原上的蒙古人也尚白，他们把新年的第一天称为"白月节"，这一天人们会穿上白色的衣服庆祝节日，以象征吉祥。[3] 中亚绿洲地区生活的农耕人群也喜欢白色，他们认为白色代表吉庆，而青色代表丧事。所以，他们平常都喜欢穿白色的衣服。[4] 同时，北亚地区诸多人群都习惯于将暴风雪的原因归之于邪恶巫师的力量，却又在需要降雪的时候求助于巫师。在贝加尔附近的巴尔忽真——脱窟木森林地区，人们非常惧怕巫师的一个原因就是当地的恶劣天气非常多。[5] 而在众多的蒙古——突厥部落中，使用劄答降雪的巫术由来已久。有些部落人群迁徙到绿洲地区生活后，仍然保留了使用劄答求雪的仪式习俗。[6]

小结

总而言之，在古代北方的地缘文明中，冰雪文化的各类要素已经成为生活在该地区诸多人群所共享的基础性文化元素。作为北方人群在冰雪环境中创制和积累起来的生存智慧，这些元素构成了该地区人类群体对北方地缘文明认同的精神基础，象征着他们共享的古代的历史记忆和历史经验。

---

1 （元）脱脱：《金史》卷二，北京：中华书局，1975年，第26页。
2 （北齐）魏收：《魏书》卷一百《失韦》，北京：中华书局，1974年，第2221页。
3 ［意］马可·波罗：《马可·波罗游记》，余前帆译注，北京：中国书籍出版社，2009年，第202页。
4 （元）耶律楚材：《西游录》，北京：中华书局，1981年，第1页。
5 ［波斯］拉施特：《史集》，余大钧、周建奇译，北京：商务印书馆，1983年，第256–257页。
6 （清）长白七十一椿园：《西域记》卷七，清嘉庆味经堂藏本，第281页。

△ 图5-20 慕士塔格峰（王铁男 摄影）

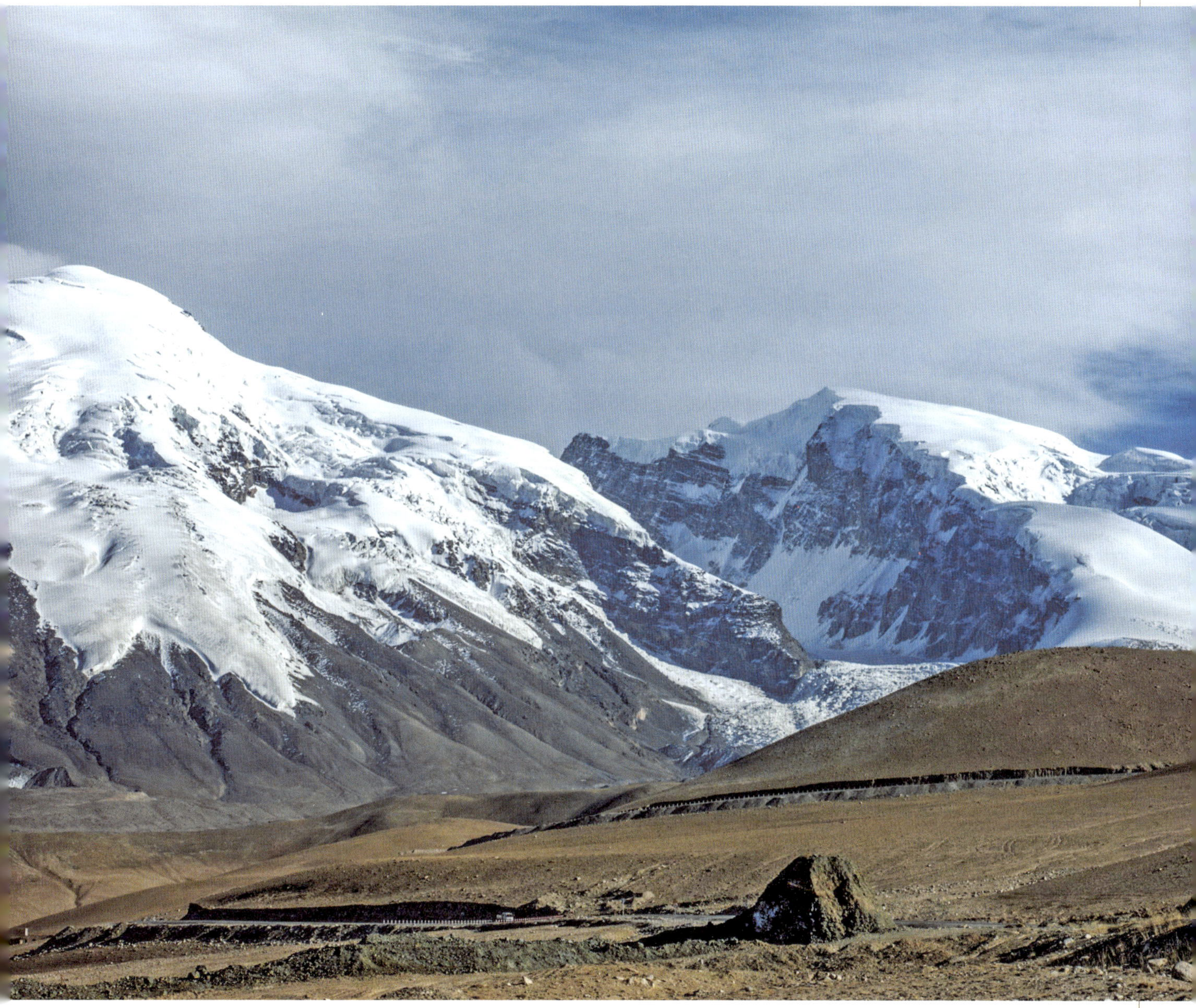

结论与展望

古代北方冰雪文化是欧亚大陆古代人群在广袤而多样的冰雪环境中创造的文化系统之一，它能反映人类与自然界互动的原初状态；同时，它也是工业文明发生前北方欧亚大陆人类文明的自然样貌。从北方古代冰雪文化中，我们能够获取到近代以前乃至史前时期人类与自然、人与人之间互动关联的镜像。

在欧亚大陆北方的寒旱地区和高海拔地带的自然生态中，冰雪是构成一年四季生存环境的重要组成部分。人类在进入该区域活动以后，通过诸多人群的经验积累和文化交融，摸索总结出了与冰雪环境互动的有效方式，形成了北方古代丰富的冰雪文化。在北方的寒带、亚寒带森林苔原区域，古代人群创造了采集狩猎型生计系统，在享受冰雪环境的馈赠中逐渐创造出独特的采集狩猎型冰雪文化。而在温带的草原地区，欧亚草原的游牧人群在其游牧生活中也形成了适应冰雪环境的独特方式，从而造就了游牧类型的冰雪文化。虽然欧亚大陆的荒漠绿洲地区雪量不多，但绿洲附近冰山雪岭间的季节性冰雪融水却构成了绿洲的生命源泉，使绿洲居民的生产活动及日常生活与冰雪环境具有千丝万缕的联系。绿洲农耕民在与自然环境互动的生计活动中创造了农耕型冰雪文化。

聚焦有史以来亚洲北部古代人群的跨地域迁徙，我们能够具体看到北方森林地带、山脉草原地带以及荒漠绿洲的农耕地带之间不同类型文化的跨地域传播。人群的迁徙和文化的交流，使得北方各地人群间形成了冰雪文化的共享和多元冰雪文化的实践格局；而这一格局又为北方各地人群所共有的精神家园提供了赖以存在的文化条件。可以说，共享的北方地缘文明是北方人群跨区域迁徙和冰雪文化的传播交融的结果，而多元的冰雪文化则是北方人群共有精神家园的最重要的文化内涵。

对古代的回眸是为了更好地理解现代，对古代北方冰雪文化的探索有利于我们思考人类的现在和未来。随着全球气候变暖，我们正面临着环境变化对人类文明的威胁和挑战。进入工业化时代后，人类活动的影响加剧了全球气候变暖趋势，北冰洋的海冰正在迅速融化，原本依托海冰存在的生态系统遭到了严重的破坏。[1] 与此同时，一些亚北极地区的生物开始向北扩展，苔原地区新增的灌木林促使冰雪融化，破坏了苔原地区的雪层和原有生态环境。在西伯利亚的森林地区，积雪的厚度、面积以及积雪覆盖时间都在减少。[2] 雪层的变化导致该地区的干旱程度大为增加，增加了森林火灾的风险。[3] 在北亚的草原地带，内陆高大山脉的冰川出现快速消退，直接威胁到草原的生态系统。[4] 除冰川外，对草原地区的水源补给具有重要意义的季节性降雪也在逐年减少，大部分草原地区的雪层覆盖面积、厚度和时间也都在缩减，从而导致了草原的干旱和退化。[5] 在北亚的绿洲地区，关系到绿洲生态的天山等高山地带也正面临着严重的冰川消融。[6] 受冰川消融的影响，沙

---

1 何剑锋、张芳：《北冰洋环境快速变化与生态响应》，《自然杂志》2012年第2期。

2 刘一静、孙燕华、钟歆玥等：《从第三极到北极：积雪变化研究进展》，《冰川冻土》2020年第1期。

3 俄塔斯社：《俄远东地区发生大规模森林火灾面积近5000公顷》，《绿化与生活》2019年第4期。

4 徐丽萍、李鹏辉、李忠勤等：《新疆山地冰川变化及影响研究进展》，《水科学进展》2020年第6期。

5 李晨晨：《蒙古高原积雪变化及对草地植被物候影响的研究》，2019年内蒙古师范大学硕士学位论文；萨楚拉、刘桂香、包刚等：《近10年新疆积雪面积时空变化研究》，《测绘科学》2013年第1期。

6 徐丽萍、李鹏辉、李忠勤等：《新疆山地冰川变化及影响研究进展》，《水科学进展》2020年第6期。

漠中的湿地也在大量消失。[1] 吐鲁番等绿洲地区赖以灌溉的坎儿井也面临被荒废的危机。[2] 绿洲地区还出现了冬季气温升高和积雪减少现象，[3] 这些变化都直接影响了绿洲整体的生态环境。

全球气候变暖带来的地球表面大面积的冰雪消融，对全球不同区域人群的生计方式和多元的冰雪文化都造成了灾难性的影响。就北方地区而言，人类群体生存环境不可避免地面临各种变迁。为适应现代化和都市化，森林采集狩猎人群被迫改变生计方式。他们逐渐走出森林而选择定居，不再从事传统的森林狩猎活动，其传统的采集狩猎型冰雪文化也正趋于消亡。[4] 许多游牧人群也正选择定居，他们传统的游牧生计和游牧生活方式在逐渐改变。[5] 在绿洲地区，农耕人口的过度增长对生态环境造成了巨大压力，也使得传统的绿洲农业生计难以缓解人口压力。[6] 因此，绿洲农耕型的冰雪文化也正面临环境压力和生计结构变迁的双重影响而走向衰退。除冰雪环境和生计变迁造成的冰雪文化式微外，传统知识的传承缺失和现代科学知识的广泛传播，也正作用于北方传统冰雪文化的消失过程。随着现代科学知识传播的影响加深，北方人群传统冰雪文化中的观念和知识体系也日趋衰退。今天，以上所述变迁不仅开始威胁人类整体种群的生存，而且还威胁着万物

---

[1] 曹国亮、李天辰、陆垂裕等：《干旱区季节性湖泊面积动态变化及蒸发量——以艾丁湖为例》，《干旱区研究》2020年第5期。

[2] 李开明、李忠勤、高闻宇等：《近期新疆东天山冰川退缩及其对水资源影响》，《科学通报》2011年第56卷第32期。

[3] 曾佳、郭峰、赵灿等：《塔克拉玛干沙漠南缘小绿洲近50年来气候变化特征》，《干旱区地理》2014年第5期；韩春光、丁建丽、蒲云锦等：《干旱区绿洲41年温度和降水变化趋势及分析》，《干旱区资源与环境》2008年第11期。

[4] 梁雪萍：《生态移民的文化困境研究——以敖鲁古雅使鹿鄂温克民族为例》，《民族问题研究》2017年第2期。

[5] Viktoriia Filippova, "Adaptation of the indigenous peoples to climate change effects in Yakutia: Gender aspects", *Polar Science*, 26 (2020): pp. 1-8；陈祥军：《生计变迁下的环境与文化——以乌伦古河富蕴段牧民定居为例》，《开放时代》2009年第11期。

[6] 满苏尔·沙比提、阿里木江·卡斯木、帕尔哈提·艾孜木：《渭干河-库车河三角洲绿洲人口动态变化及带来的问题》，《干旱区资源与环境》2005年第3期；姚俊强、杨青、毛炜峄等：《气候变化和人类活动对中亚地区水文环境的影响评估》，《冰川冻土》2016年第1期；王宁：《新疆绿洲人口就业特点与就业结构》，《新疆社会经济》1993年第3期。

现代滑雪运动（王铁男 摄影）

共生的全球生态环境的安全。在新的时代挑战面前，在诸如应对环境变化和探索发展问题的事务上，没有一个国家可以独善其身。我们必须远离狭隘与对抗，寻求合作共生的有效路径。

目前，随着文化遗产保护事业、旅游事业和现代体育运动的发展，北亚地区的许多传统冰雪文化事物又被重新挖掘出来，并得到社会各界更广泛的认可、传播和共享。[1] 尤其值得一提的是，借助奥林匹克运动会的发展，一些古老的冰雪运动也开始演变为全世界人民共享的冰雪文化。[2] 毫无疑问，这个新现象为人类保护传统的冰雪文化提供了有效路径，为人类规避现代发展所面临的风险展示了一线希望。借助奥林匹克精神的影响，我们可以再次反观古代北方冰雪文化的历史面貌，或许这将会在应对人类共同命运的挑战方面形成有益的见解并激发相关行动。

---

[1] 孙丽薇、于立强：《传承非物质文化遗产视角下吉林省冰雪民俗体育文化的发展对策研究》，《体育文化遗产论文集》，中国体育科学学会，2014年，第672-678页；刘易呈、于立强：《冰雪文化的传承与发展》，《冰雪运动》2014年第5期；王天军：《新疆阿勒泰毛雪板滑雪历史考察》，《体育文化导刊》2012年第7期；佚名：《冬捕节》，《风景名胜》2018年第2期；朱丹、张贝尔：《吉林省冰雪文化旅游产业发展现状与对策》，《吉林工商学院学报》2020年第4期；关富余、曹杰、常孝国等：《黑龙江省冰雪文化旅游业的发展分析》，《冰雪运动》2018年第1期。

[2] 王程：《冰蹴球——从什刹海走向冬奥会》，《体育博览》2020年第11期。

附　录

文字转写说明

鉴于西里尔哈萨克文创制于西里尔俄文，且国内尚未出现适用于该文字的转写办法，本书所使用的西里尔哈萨克文转写方法主要参考了2019年商务印书馆出版的《新时代大俄汉字典》中的西里尔字母转写表。[1] 对于衍生自俄文字母的哈萨克文字母（ё, ә, ғ, ө, ң）的转写则借鉴了张定京教授所著《现代哈萨克语实用语法》中的"音标字母对照表"。[2] 鉴于《突厥语大辞典》是用带音标的阿拉伯字母所拼写古突厥语的一部词典，本书对于该著作中出现的字母的转写主要采取了国际权威著作 *First Encyclopaedia of Islam 1913-1936* 中对阿拉伯语字母的转写方法，[3] 而对于阿拉伯字母的汉语对译，则采取了《中华人民共和国国家标准——外语地名汉字译写导则：阿拉伯语》的译写标准。文中"~"符号表示长音。

---

[1] 黑龙江大学俄罗斯语言文学与文化研究中心辞书研究所主编：《新时代大俄汉字典》，北京：商务印书馆，2019年。

[2] 张定京：《现代哈萨克语实用语法》，北京：中央民族大学出版社，2018年。

[3] *First Encyclopaedia of Islam 1913-1936*, E. J. Brill, 1993.

表1 阿拉伯字母突厥文转写表

阿拉伯字母及音符	拉丁文字母转写	汉字译音
ا ، اَ ، اِ ، اُ	-\ a\ i\ u	厄、阿、伊、乌
بْ ، بَ ، بِ ، بُ	b\ ba\ bi\ bu	卜、巴、比、布
تْ ، تَ ، تِ ، تُ	t\ ta\ ti\ tu	特、塔、提、图
ثْ ، ثَ ، ثِ ، ثُ	Th\ tha\ thi\ thu	斯、萨、西、苏
جْ ، جَ ، جِ ، جُ	j\ ja\ ji\ ju	季、贾、吉、朱
غْ ، غَ ، غِ ، غُ	gh\ gha\ ghi\ ghu	格、加、吉、古
ݧْ ، ݧَ ، ݧِ ، ݧُ	n\ na\ ni\ nu	恩、纳、尼、努
قْ ، قَ ، قِ ، قُ	q\ qa\ qi\ qu	克、卡、基、库
مْ ، مَ ، مِ ، مُ	m\ ma\ mi\ mu	姆、马、米、穆
صْ ، صَ ، صِ ، صُ	s \ sa\ si\ su	斯、萨、西、苏
ضْ ، ضَ ، ضِ ، ضُ	d\ da\ di\ du	德、达、迪、杜
فْ ، فَ ، فِ ، فُ	f\ fa\ fi\ fu	夫、法、菲、富
هْ ، هَ ، هِ ، هُ	h\ ha\ hi\ hu	赫、哈、希、胡
خْ ، خَ ، خِ ، خُ	Kh\ kha\ khi\ khu	赫、哈、希、胡
حْ ، حَ ، حِ ، حُ	h\ ha\ hi\ hu	赫、哈、希、胡
شْ ، شَ ، شِ ، شُ	sh\ sha\ shi\ shu	什、莎、希、舒
سْ ، سَ ، سِ ، سُ	s\ sa\ si\ su	斯、萨、西、苏
يْ ، يَ ، يِ ، يُ	y\ ya\ yi\ yu	伊、亚、伊、尤
لْ ، لَ ، لِ ، لُ	l\ la\ li\ lu	勒、拉、利、卢
كْ ، كَ ، كِ ، كُ	k\ ka\ ki\ ku	克、卡、基、库
ظْ ، ظَ ، ظِ ، ظُ	z\ za\ zi\ zu	兹、扎、济、祖
طْ ، طَ ، طِ ، طُ	t\ ta\ ti\tu	特、塔、提、图
ذْ ، ذَ ، ذِ ، ذُ	dh\ dha\ dhi\dhu	兹、扎、济、祖
دْ ، دَ ، دِ ، دُ	d\ da\ di\ du	德、达、迪、杜
زْ ، زَ ، زِ ، زُ	z\ za\ zi\ zu	兹、扎、济、祖
رْ ، رَ ، رِ ، رُ	r\ ra\ ri\ ru	尔、拉、里、鲁
وْ ، وَ ، وِ ، وُ	u\ ua\ ui\ u	乌、瓦、维、武
گْ ، گَ ، گِ ، گُ	g\ ga\ gi\ gu	格、加、吉、古

（续表）

阿拉伯字母及音符	拉丁文字母转写	汉字译音
پْ 、پَ 、پِ 、پُ	p\ pa\ pi\ pu	普、帕、皮、普
چْ 、چَ 、چِ 、چُ	ch\ cha\ chi\ chu	奇、恰、齐、丘
ا	ā	阿~
ى	ī	伊~
و	ū	乌~

注：本表参照 *First Encyclopaedia Of Islam 1913-1936*、《中华人民共和国国家标准——外语地名汉字译写导则：阿拉伯语》（中华人民共和国国家质量监督检验检疫总局，中国国家标准化管理委员会，2008）文字转写规则编制而成。

表2　西里尔字母哈萨克文转写表

西里尔字母	拉丁文字母转写	汉字译音
ё	yö	约
ә	ä	安
і	i	伊
ң	ŋ	鞥
ғ	gh	格
ү	ü	于
ұ	w	乌
қ	q	克
ө	ö	约
һ	h	赫
й	y	伊
ц	ch	奇
у	u	乌
к	k	克
е	Ie ye e	耶
н	n	恩
г	g	格
ш	sh	什

（续表）

西里尔字母	拉丁文字母转写	汉字译音
щ	š s	希
з	z	兹
х	kh	赫
ф	f	夫
ы	ï	厄
в	v	夫
а	a	阿
п	p	普
р	r	尔
о	o	奥
л	l	勒
д	d	德
ж	Dzh j	季
я	ia ya	亚
ч	ch	赤
с	s	斯
м	m	姆
и	i	伊
т	t	特
б	b	布
ю	io	尤
да	da	达
та	ta	塔
же	je	捷
ма	ma	玛
су	su	苏

注：本表参照《新时代大俄汉字典》和《现代哈萨克语实用语法》文字转写规则编制而成。